Y AHORA QUÉ?

LEVÁNTATE Y ANDA

Y AHORA QUÉ?

LEVÁNTATE
Y ANDA

Las circunstancias de tu presente, no
son quienes definen tu futuro

JOSUÉ BAZAN

Número de Control de la Biblioteca del Congreso de EE. UU.:   2019901762
ISBN: Tapa Dura   978-1-5065-2808-3
                 Tapa Blanda   978-1-5065-2807-6
                 Libro Electrónico   978-1-5065-2806-9

Información de la imprenta disponible en la última página.

Fecha de revisión: 22/02/2019

Para realizar pedidos de este libro, contacte con:
Palibrio
1663 Liberty Drive, Suite 200
Bloomington, IN 47403
Gratis desde EE. UU. al 877.407.5847
Gratis desde México al 01.800.288.2243
Gratis desde España al 900.866.949
Desde otro país al +1.812.671.9757
Fax: 01.812.355.1576
ventas@palibrio.com
452328

Índice

DEDICATORIA:

Deseo dedicar esta obra a todos aquellos adolescentes, jóvenes, mujeres y hombres que en algún momento han sentido que sus vidas no tienen algún significado, o que no sienten una razón ni mucho menos un motivo por el cual vivir.

A ustedes dedico este libro, porque pueden ser los agentes del nuevo cambio tan urgente que necesita el lugar en el cual ustedes viven, el entorno del cual ustedes están rodeados, sus circunstancias, el contexto de vida en el cual viven o nacieron, no pueden determinar, ni definir su presente ni su futuro.

Son la materia prima de la trasformación hacía un mundo mejor, son ustedes quienes pueden demostrar que no existe limitación que impida a un hombre o mujer alcanzar sus metas y realizar sus sueños.

Dedico especialmente este libro a Dios, por haberme permitido la oportunidad de cambiar mi vida, demostrándome que mientras una persona esté dispuesta a cambiar EL puede transformarla a algo asombroso.

PREFACIO:

En ocasiones nuestro corazón esta tan cargado de experiencias dolorosas, de eventos inesperados que nos han dejado en un momento de nuestro caminar, en un shock temporal, o en muchas ocasiones en shock emocional permanente, impidiéndonos continuar disfrutando de nuestra vida, segando nuestro espíritu de las cosas que Dios tiene para nosotros ya que el daño causado por algún evento nos ha paralizado y nos ha robado el deseo de seguir luchando por nuestros sueños.

Y como le ha sucedido a muchas personas después de haber sufrido algún accidente trágico o en un momento difícil en sus vidas, al quedar lisiados y condenados a pasar el resto de sus vidas en una silla de ruedas, o condenados a vivir una vida artificial a través de un respirador, claro, para los más afortunados; sin embargo aquellos que han perdido sus vidas en trágicos eventos. Así hay muchos quienes están lisiados de su alma y de su espíritu condenados a vivir una vida artificial de apariencia, reflejando una felicidad artificial y muy poco creíble, reflejan ser personas enteramente felices y al termino de sus días esa soledad con la que se levantan cada mañana, regresan nuevamente a sus alcobas, donde pacientemente los espera para seguir robándoles los más bello de sus vidas que es disfrutar de sus seres amados y de las oportunidades de lograr sus metas y ver cumplido sus sueños.

Y AHORA QUÉ?

LEVÁNTATE
Y ANDA

CAPITULO .01

EL INSTANTE QUE
ROBÓ MIS SUEÑOS

CAPÍTULO 1

EL INSTANTE QUE ROBÓ MIS SUEÑOS

Cuando nacemos, nuestra mente y nuestro corazón no estaban correlacionados con las emociones ni con los sentimientos, aunque de algún modo ya los hayamos experimentado desde que estábamos en el vientre de nuestra madre; por esa razón es recomendable tomar en cuenta, cuidados en la mujer durante el periodo de gestación y durante el embarazo, ya que la mujer suele ser más sensible y tiende a cambiar de humor fácilmente, esos cambios producidos en la mujer pueden transmitir al embrión información de lo que siente en el exterior y puede hacer sentir al feto amado o rechazado, eso se ve reflejado en la conducta y el comportamiento durante el desarrollo del bebe en su crecimiento.

Muchas veces no necesariamente un niño tuvo que haber sufrido un abuso para manifestar una falta de aceptación o una necesidad de amor, lamentablemente en situaciones de abuso hacia la mujer durante el periodo de embarazo; no solo marcan la vida presente de ella, también marca y sentencia al bebe que está siendo formado en su vientre, a una vida de rechazo, inseguridad y falta de aceptación; el cual durante su desarrollo personal, le costara entender las razones que no le permiten sobresalir en su entorno como una persona independiente y capaz, notará que tiene problemas para desarrollar su potencial personal y le costará creer en sí mismo, en el caso de que haya experimentado emociones y sentimientos negativos en los periodos iniciales de vida.

En el otro de los casos más común y doloroso, es durante el crecimiento del bebe hacia su niñez o durante su niñez y el desarrollo de su adolescencia, dependiendo el caso que haya afectado al bebe, niño o adolescente y el tipo de abuso que haya recibido; derivara en el comportamiento durante su desarrollo hasta su etapa de madurez al convertirse en un adulto.

Es aquí donde se pierden los sueños de miles de personas, la frustración que embarga las ilusiones o el sentimiento de fracaso por no entender qué es lo que los frena a poder lograr algo mínimo en sus vidas; así como muchos deciden darse por vencidos, habiendo pocos que no nos conformamos con ese tipo de vida raquítica y decidimos buscar cambiar nuestro destino; no hay abuso más grande y doloroso que pueda causar más daño a alguien, que aquel que la propia persona, crea que no es capaz de superar su propio dolor, en este punto quizás estés pensando, a esta persona se le hace fácil hablar de sufrimiento cuando no sabe el abuso que ha experimentado; créeme que si hay algo que comparto en común contigo es precisamente eso, pero un día tome la decisión no vivir más en ese contexto de vida y decidí cambiar de ruta tomando valor para creer en mí, y permitir que todo lo que me había estado dañando y no me había permitido ser feliz y hacer felices a las personas que más amaba, fue sacarlo de mi interior, no fue nada fácil, pero se requiere valentía y una decisión propia para comenzar a dar los primeros pasos.

El tiempo puede servir para sanar tu dolor o aumentar tu agonía, no es nada fácil olvidar años de abuso y dolor causados por alguien, que por su propia falta de felicidad haya descargado sobre ti ese dolor reflejado en el abuso verbal o maltrato físico, lamentablemente en ocasiones hasta llegar a abusar sexualmente de alguien que no tiene la culpa de encontrarse en el momento, lugar y persona incorrecta que egoístamente se ensaña robando lo más preciado del ser humano: sus ilusiones, sus sueños su alegría y en muchas ocasiones su inocencia; viéndose su vida opacada por la niebla densa de la tristeza, la culpa, la conmiseración, la ira y la impotencia que te hunde con el paso de los años al calabozo de la soledad, deseando en tu interior jamás haber vivido ese momento, deseas poder revertir el tiempo y por un instante borrar el dolor que hoy te tiene prisionero, dolor que fue causado en un instante pero que ha durado años en tu corazón.

causas?, pueden ser muchas pero solo una de ellas es la que abrió la puerta, a una vida de dudas y prejuicios internos que poco a poco marcan y etiquetan tu vida y desarrollo personal; la pudo haber marcado una persona, lo pudo haber provocado el abuso verbal al que fuiste sometido o sometida por parte de aquellos que más amas y que comparten muchas veces un apellido o un parentesco en común, esos eventos inesperados en tu vida, provocan que perdamos la pasión y la emoción con la que nos levantábamos cada mañana.

En todo caso seas un adolescente, un joven o un adulto, si existen rasgos o indicios de daños en tu vida, es muy probable que en estos momentos no estés viviendo una vida plena y no te deja disfrutar de cada uno de los momentos que vives en estos instantes, sin embargo aunque suene un poco difícil de creer esos daños que hoy hacen que tu vida, se haya vuelto desolada, puedes usarlos para revertir su efecto destructivo en un efecto positivo que te permita obtener un crecimiento en tu vida interna, hablando metafóricamente.

Es muy común durante nuestro crecimiento en los primeros años de nuestra vida, por lo general aprendemos familiarizándonos con nuestro entorno, exploramos todo lo que está a nuestro alrededor sin tomar en cuenta los riesgos que nos puede provocar una caída o una raspadura; simplemente un niño en crecimiento no mira esas probabilidades, pero los mismos deseos internos por conocer más su propio mundo lo impulsan hacia el frente a pesar de los riesgos.

Es aquí en este punto donde quiero detenerme a meditar junto contigo, si nos damos cuenta, a pesar de que un niño se haya lastimado o en el peor de los casos haya obtenido una raspadura por sus deseos de conocer más su mundo; no se detiene a seguir intentando una y otra vez a aprender y conocer más su entorno, sin embargo eso que le pudo causar un efecto negativo al inicio de su aprendizaje, lo hace más precavido a la hora de volver a intentar caminar, hasta volverse un niño totalmente independiente sin el cuidado cercano de sus padres, lo que le hace al niño volver a levantarse, no es el dolor ni la falta de confianza, es el instinto que todo ser humano tiene desde que nace; el deseo de superar sus

propias limitaciones y las barreras que tratan de impedir sus logros.

Pareciera que ese instinto se apagará a través del tiempo, porque a través de los años, ya no son caídas, ni raspones; es otro tipo de dolor que nos confronta y nos trata de robar lo que todos tenemos desde que nacemos, "el deseo de conocer y superarnos cada día"

Dejar que tu pasado viva en tu presente, es un lujo que no debes permitirte, así como lo lees, "un lujo que no debes permitirte" ¿porque un lujo? La razón por lo que lo defino de esta manera es porque tus pensamientos y tus deseos por alcanzar una meta en particular se verán obstaculizados por los recuerdos en tu memoria, y despertaran en ti temores que no te permitirán ver con claridad las oportunidades que se presentaran y que necesitas aprovechar para realizar tu propósito por el cual has nacido; sé que hay momentos en nuestras vidas que son difíciles de superar y pareciera imposible que podamos dejar de mantenerlos presentes en nuestra memoria, pero debes de saber que la medicina a ese mal que ha dañado por tanto tiempo tu vida, reside en ti; no estoy hablando de autosuficiencia, estoy diciendo que tú mismo puedes hacer que ese recuerdo siga teniendo vida en tu memoria y también tú mismo puedes dejar de administrarle vida a ese recuerdo, que lo único que ha hecho es mantenerte atado a una vida raquítica.

¿Cómo puedes lograr este cambio?: el primer paso para comenzar a darle un vuelco total a tu vida, es reflexionando, ser honesto contigo mismo y estar consciente de las causas que están afectado tu vida; a través del recorrido por las páginas de este libro, podrás ir encontrando herramientas prácticas que te ayudaran a mejorar el concepto que tienes de ti mismo, te permitirán mejorar la perspectiva de tu situación.

Pero, por el momento nos enfocaremos en detectar dentro de tu interior lo que hasta hoy día ha afectado tu desarrollo personal y consecuentemente tu felicidad; la causa primaria de nuestro comportamiento y de las actitudes que habitualmente nos causan problemas, yace su origen en los recuerdos en nuestra mente, que han subsistido por años dentro de cada uno de nosotros; la consecuencia y el efecto negativo o positivo que hayan dejado en nuestra memoria, reflejaran en nosotros nuestra situación interna como personas; así que el primer paso que vamos a tomar hacia un cambio personal, es identificando qué nos produce dolor interno, permíteme explicarme aún más a fondo.

Cuando me refiero que "identifiquemos qué nos produce un dolor interno" es hacer una auto evaluación, examinando nuestra conducta, nuestros hábitos, nuestras actitudes hacia los demás, allí encontrarás muchas de las respuestas por la cual reaccionas a las situaciones o eventos de la manera que lo haces, es entonces donde debes tomar en cuenta los temores que resaltan y que te hacen sentir que no encajas a dónde vas, podrás detectar porque sientes que no eres aceptado; por eso es necesario examinarnos a nosotros mismos y ser totalmente sinceros.

De ser necesario haz una lista de las emociones y sentimientos que sientes y que producen reacciones que no deseas y que te han afectado cotidianamente; un ejemplo simple, digamos que un día estabas jugando a las escondidillas, buscaste el lugar más difícil para que te encontraran y decidiste esconderte en un closet, ese closet se cerró, y el pánico se apodero de ti, provocándote un temor a la obscuridad y a partir de ese instante ese recuerdo ha repercutido en tu vida de adulto cada vez que necesitas confrontarte con alguna situación en la cual la luz se corta; aunque es un ejemplo muy simple, es solo para que tomes como punto de partida y puedas encontrar los episodios en tu mente que están gravados y que necesitas modificarlos a tu favor.

Así que no dejes pasar el momento para comenzar a dar tu primer paso hacia un cambio de mejora personal, los grandes cambios ocurren con pequeños esfuerzos que hacemos cada día, poco a poco podrás ir viendo cómo se producen los grandes cambios que tanto anhelas; aunque sientas que tu batalla personal está perdida, debes mantenerte firme y no engañarte por lo que ves, ni por lo que los demás te digan; ya que los cambios internos son graduales y se reflejan en las situaciones que alguna vez nos dañaron y las confrontas nuevamente con una actitud diferente, sin ningún remordimiento en tu interior.

Y AHORA QUÉ?

LEVÁNTATE
Y ANDA

CAPITULO .02

EL RAYO DE LUZ
EN MEDIO DE LA
OBSCURIDAD

CAPÍTULO 2

UN RAYO DE LUZ EN MEDIO DE LA OBSCURIDAD.

Cuando todos te hayan abandonado, cuando sientas en tu corazón que no hay esperanza, por aquellos que algún día te vieron crecer, te conocieron y quizá compartan un apellido, que es lo único que los identifica como parte de la familia, y dejaron de creer en ti; porque ellos no entienden, que es lo que te ha provocado ese cambio de comportamiento; por supuesto que esto no justifica tus acciones ni tus reacciones, eso no te exime de ninguna responsabilidad de tus decisiones y de los actos que hayas tomado, sin embargo es la manera en la que tu corazón drena el dolor de tu interior, haciéndote sentir como si estuvieras en medio de la obscuridad.

Pondré como ejemplo a un ciervo. Es un animal que habitualmente escala entre riscos, un día subiendo un risco alto tiene un accidente se hace una herida que le causa una infección en una de sus extremidades. En el intento de alcanzar a la manada se hizo una cortada que no lo mata pero que no le permite caminar como el resto del rebaño, eso no lo hace diferente a los demás, sin embargo ese dolor lo va separando poco a poco de la manada, ya que no puede caminar con la misma firmeza y fortaleza que solía hacerlo y mucho menos puede trepar. Mientras que la manada se aleja poco a poco; el ciervo pareciera estar siendo condenado al abandono, al exilio porque con su parte lastimada ya no pudo caminar como solía hacerlo está solo, sufriendo y sin saber que hacer, desea seguir escalando riscos, estar con los suyos pero el dolor no lo deja avanzar; por supuesto, la manada no sabe que está dañado, no entienden por qué ya no trepa riscos, por que se a isla, porque ya no es como habitualmente él era, es esa infección lo que lo ha hecho cambiar que agudiza día a día su vida con dolor, lo ha convierte en un ciervo que ahora brama por todo, que se golpea con cada risco que se encuentra con tal de aliviar su dolor. El ciervo siente el dolor, pero no sabe cómo sanarlo, mientras que siente alivio golpeándose entre las rocas y se acostumbra al dolor en su desesperación por sanar, se le hace habitual que las manadas se alejen de él y lo rechacen, sin embargo nace una esperanza para este ciervo, cuando ve que de la parte inferior del risco se va acercando a el otro ciervo, entonces el ciervo enfermo comienza a bramar y tratar de ponerse de pie pero la infección le impide lograrlo, los bramidos del ciervo herido no intimidan al que se acerca cautelosamente, no por temor, si no por evitarle un daño más a la condición en la que se encuentra.

Si hay algo que nos enseñan los animales es su compasión, el ciervo que se le acerca sabe que es uno de los suyos, que los bramidos solo son una expresión del dolor que siente por la infección que lo está matando, sus intentos desesperantes por sobrevivir a su condición han empeorado su estado, separado del resto de la manda, ha luchado todo ese tiempo desde que esa herida le causo la infección por no dejarse morir, su instinto animal de sobrevivencia le da la fuerza suficiente para soportar el dolor, mas no le puede curar la infección, que si no es atendida inmediatamente solo podrá optar por dos alternativas, curarse o perder la extremidad infectada.

Mientras se acerca el ciervo piadoso, sus miradas se conectan, el ciervo postrado puede ver en sus ojos compasión que por un momento le proporciona el antibiótico para dejar de sentir dolor por un instante. Al percatarse el amigo de la condición en la que se encuentra el ciervo enfermo, comienza a bramarle fuerte, esperando que eso le dé fuerzas para que se ponga de pie, pero sus intentos son nulos; este ciervo no necesita bramidos necesita sanar de inmediato la infección en su extremidad que poco a poco le está carcomiendo la vida. Su segundo intento es mostrarle como pararse firme en sus extremidades, le hace ver la fuerza que tiene para permanecer de pie, algo que tampoco el ciervo postrado necesita ya que es algo que por instinto natural lleva consigo en su interior, su tercer y último intento por ayudarlo es recordarle que es un ciervo, ayuda que tampoco hace efecto, porque él sabe que no ha dejado de ser igual a los demás solo porque tiene una extremidad infectada.

El interés por ayudar a su semejante, lo hace ser menos abalanzado y más prudente, hasta percatarse que el origen de todo su dolor radica en una parte y es en su extremidad infectada. Lo que lo mueve a tomar acción en busca de una cura. No solo que le ayude a curar su herida, sino que también erradique la infección que lo tiene en ese estado; en su intento por ayudarle, reúne conforme a sus instintos animales, agua y algunas hierbas que desinfecten la parte dañada, proporcionándole alivio a la extremidad infectada, junto con algunas hojas que sirvan como venda para evitar que se pueda infectar nuevamente. Luego de unos días inesperadamente una mañana el ciervo herido logró levantarse nuevamente firme sobre sus cuatro extremidades, feliz de poder seguir nuevamente con su vida habitual como el resto de los ciervos, despertó con el entusiasmo de sus bramidos al ciervo amigo que había tomado cuidado de él.

Al verlo incorporado el resto de la manada, no podían reconocerlo ya que ahora se veía más fuerte, más robusto, sin embargo había en una de sus extremidades una cicatriz que no se borraría de él, símbolo de un recuerdo, de lo que un día lo daño, lo hizo descubrir en él, la fuerza interna para sobrevivir a sus desavenencias, enseñándole que a pesar de que su manada, quienes siempre lo rodeaban lo habían abandonado; hubo alguien quien creyó que podía pararse de nuevo y recuperarse del estado en que se encontraba; de nada hubiese servido la ayuda que recibió por parte de su semejante si no hubiese estado dispuesto a confiar en él mismo y permitir que otro se acercara ayudarle.

Aunque lo que reflejo aquí es una metáfora, es posible que puedas estar atravesando por momentos en tu vida muy parecidos, donde tu vida se haya lastimado en algún risco que hayas intentando escalar y te haya causado una infección en alguna área de tu vida; llámese rechazo, maltrato físico, maltrato verbal, violación, etcétera; al final todas son infecciones en tu corazón que te están carcomiendo la vida y te están robando a pedazos tus sueños, tu familia, tu matrimonio, tu felicidad; esta infección interna que no has podido sanar, no te permitirá disfrutar de cada instante de tu vida; y no te permitirá ser plenamente feliz hasta que sean sanados.

¿Cuántas veces se nos acercan personas que con sus bramidos creen que pueden ayudarnos?, Aunque muchas veces la mayoría de estas personas que se nos acercan, lo hacen con el interés de poder ayudarnos, terminan enfadándose con nosotros y optan normalmente darse por vencidos y deciden abandonarnos a nuestra propia suerte. En todo caso su intención por ayudarnos no está mal, quizá la razón por la que su intento por ayudarnos muchas veces no hace el efecto correcto es porque no era la manera de ofrecernos su ayuda, a que me refiero exactamente con que no era la manera correcta de ofrecernos su ayuda; por lo general el ser humano siempre tiende a premeditar la condición de quienes lo rodean de tres formas, de manera prejuiciosa, crítica y condenatoria.

Si ya has experimentado estas tres etapas en tu camino a tu sanación interna quiere decir que estás apunto de entender por qué es que estas personas braman tanto y ayudan poco con sus bramidos, también sabrás como tomar las críticas y los señalamientos que recibes sin que éstos te sigan haciendo daño. La razón principal de que estas personas nos prejuzgan, nos critican, terminando por etiquetarnos y por ende juzgando nuestra condición. Es por que ellos mismos también han sido víctimas de este patrón dañino, de otras personas que los han marcado, por eso la próxima vez que te topes con alguien que te critique, te juzgue y condene la condición por la cual estás pasando, hazle saber a través de una sonrisa acompañada de una mirada calurosa y fija a los ojos, que la etapa por la que estás pasando no te hace menos persona ni devalúa a ese hombre o mujer que eres, capaz de sobresalir a cualquier adversidad. Todos pasamos por diferentes etapas durante nuestra vida, desde el momento que nacemos hasta los últimos instantes que respiramos, todo el período de nuestra vida es una escuela que nos enseña diversidad de lecciones, nosotros no elegimos las materias sobre el transcurso de nuestra existencia, pero si podemos decidir cómo pasar esas materias, también podemos decidir con que actitud aprobamos los exámenes más difíciles y dolorosos que se nos presentan, no podemos brincarnos ni una clase, todas son necesarias e importantes para capacitar nuestro entendimiento y desarrollar nuestro carácter para lidiar con cada situación que venga.

Por eso también debes de aprender que aunque éstas personas con sus bramidos parecieran que no están contribuyendo nada en tu vida; si pones más atención podrás aprender que lo que ellas hacen, es forjar en nosotros un espíritu vehemente que enciende una llama en nuestro interior, que despierta una insatisfacción de nuestra condición y emerja el deseo por cambiarla.

No deseas ser criticado, juzgado y condenado?, lamento decirte que no dejarás de encontrarte con personas que lo harán; pero de algo si estoy seguro y es que si comienzas a tomar acción por modificar esas áreas en tu vida que causan que los demás se fijen en cada detalle de tu vida, provocarás en ti un espíritu de persistencia que te impulsará a modificar las áreas en tu vida que se tornaban una arma en tu contra; se convertirá en la chispa de tu motor hacia el cambio que necesitas hacer.

Te darás cuenta, poco a poco, que las críticas y las opiniones ajenas que recibirás sobre tu persona no tendrán efecto en ti ya que estarás tan ocupado modificando las áreas que te han estado provocando problemas que cuando menos lo pienses habrás formado en ti, un propio juicio personal y una seguridad en tu interior que, lo que menos te va interesar es las críticas de los demás.

¿Cuántas personas piensan que por mostrarnos como mantenerse de pie, eso nos ayudará? Todos en la vida nos hemos encontrado con los inmovibles.

Los "inmovibles" son todas aquellas personas que aparentan como si nada en su vida estuviera mal, viven un oasis en su propio

desierto almático, no me refiero a aquellos quienes con optimismo confrontan las situaciones más adversas que se presentan en su vida, si no a aquellos que viven engañados sobre su propia condición y que critican a quienes desean cambiar su presente.

Estos son aquellos ciervos que se sienten firmes sobre sus extremidades y pretenden enseñarnos como estar firmes. Considero que para mantener firmeza en nosotros, es necesario saber cómo mantener una postura en nuestro temperamento. Para poder adquirir una postura temperamental, debemos desarrollar diversas características que nos permitan adquirir firmeza.

Los problemas nunca dejaran de existir así como también la manera en como los enfrentamos, para ello necesitamos desarrollar en nuestro temperamento, cualidades como *paciencia*, *auto control* y *compasión*, estas cualidades desarrollaran en nosotros habilidades que modificaran la manera en cómo reaccionamos a quienes pretenden modificarnos.

Una verdad contundente es la probabilidad de programar al ser humano para que adopte una conducta determinada, ésta no puede ejercer ningún efecto sobre la persona a menos que esté consciente de aceptar el cambio y llevarlo a cabo.

Por más que las personas que están a nuestro alrededor se desgasten por querer modificar nuestra forma de ser o inducirnos a adquirir un cambio, no podrán ayudarnos hasta que abramos nuestra mente consiente y permitamos que las sugerencias que recibimos hagan efecto en nosotros, es la única manera que considero que una persona puede ser cambiada por una influencia externa, pero los cambios más efectivos y que producen efectos permanentes en una persona, es cuando la misma persona adquiere juicio de su condición y acepta que necesita hacer un cambio en su vida y decide modificarla.

El hecho es, que aunque otros nos digan como confrontar nuestras situaciones, no podrán ayudarnos, a menos que tengamos la voluntad de adoptar el cambio que necesitamos hacer para mejorar el estado de nuestra vida presente.

Entonces ¿cómo podemos despertar ese deseo sobre nuestra voluntad de aceptar las sugerencias a un mejor cambio?, lo principal es reconociendo qué necesidad o necesidades internas están afectando tu desarrollo personal, podrás darte cuenta si la mayoría de tus relaciones interpersonales son constantemente conflictivas y carecen de estabilidad; no prestes atención a opiniones ajenas, pero si observa qué es lo está provocando un daño a quienes te rodean y sé honesto contigo mismo, puede ser a través de una actitud o puede ser a través de expresiones, lo importante es que prestes atención a tus actos que puedan estar reflejando una personalidad negativa sobre ti, si ya lo has detectado, comienza reconociendo las modificaciones necesarias en las áreas de tu vida que te están afectando.

Se compasivo contigo mismo y con los demás, aprende a tenerte paciencia y a quienes te rodean, desarrolla auto control sobre tu temperamento, no te será nada fácil desarrollar estas habilidades en tu temperamento, pero es aquí donde debes de recurrir a tu fuerza interior y ser persistente, no desistir hasta que poco a poco notes los cambios en ti y procura felicitarte por lo que llegues a lograr.

¿Cuántas veces han habido personas que nos recuerdan quienes somos tratando de aliviar o empeorar nuestro dolor? Es casi común cuando estamos experimentado algún cambio personal en nosotros o hemos sufrido algún daño directo a nuestra integridad personal, escuchar expresiones tales como: "tú nunca vas a cambiar", "eres igual que tu papá o tu mamá", "así naciste y así te vas a morir", "no vas a lograr nunca tus sueños", "eres de lo peor", "nunca vas a ser feliz", "naciste en un lugar pobre y nunca vas a ser alguien en la vida", "Tu mama, tu papa o tus padres nunca han hecho ni han logrado nada, menos lo vas a lograr tu", "eres un delincuente", "ser alguien, ¿cómo?, si ni siquiera terminaste la secundaria", "eres un iluso", "desde niño eres un problema", "estas demasiado gorda o gordo, que parece que vas a reventar, quien crees que se pueda fijar en ti"; entre otras frases célebres que marcan y etiquetan nuestra vida, si no estamos dispuestos a romper con esas etiquetas que se graban en nuestro subconsciente, es posible que desarrollemos un tipo de personalidad que refleje todas aquellas frases que algún día nos marcaron, etiquetándonos con una mentalidad raquítica y desdichada de vernos, con autoestima profundamente dañada.

Muchas veces por las personas más allegadas a nosotros, puede ser el caso de familiares, esposo, esposa, novio, novia, amigos, etcétera. Una verdad contundente es que nosotros nunca decidimos donde nacer y mucho menos elegimos quienes fueran nuestros padres ni nuestros familiares, tampoco tuvimos elección de elegir las condiciones, el estado o el lugar para nacer, sin embargo puedo asegurarte que sí podemos cambiar lo que no decidimos ni pedimos, así como lo lees, ¡sí puedes cambiarlo!, para ello se requiere primeramente que tú mismo desees hacer ese cambio, seguido de pequeñas decisiones que tomas cada día sobre tu vida.

Por ejemplo, tu no pudiste elegir que fuese alcohólico tu papá o tu mamá, pero sí puedes elegir no serlo, tu no elegiste que tu familia te rechazara o que las personas a tu alrededor te dañaran, pero si puedes elegir perdonarlas, tu no elegiste que tu hermana saliera embarazada por un macho que decidió no responder como hombre a una responsabilidad, pero si puedes elegir respetar a una mujer y a ti mismo de no tomar una decisión fuera del tiempo que estás viviendo y menos si la mujer con la que estás no es tu esposa; estos son algunos de los ejemplos que podemos tomar vagamente de referencia que nos pueden hablar de diversas situaciones en las cuales nos involucramos en nuestra vida diaria que marcan nuestro presente y que edifica nuestro futuro.

Siempre nos encontraremos con personas que estarán pendientes de nuestros errores, así como personas que resaltaran lo mejor que hay en nosotros, pero no puedes estar dependiendo de lo que escuches, no es sano para tu autoestima basarte en lo que los demás piensen sobre ti, debes aceptar que eres una persona con cualidades y habilidades únicas y que estás en medio de un proceso de crecimiento personal, la opinión que formes sobre ti cimiéntala en estos principios, es un error altamente destructivo, crear una opinión de nosotros mismos basada en la opinión que las demás personas tienen sobre nosotros, esto aparte de ser un error es muy peligroso para nuestro ánimo, nuestra autoestima y nuestra salud mental, debes estar consciente que todos tenemos áreas en nuestras vidas que deben ser trabajadas en una mejora continua, que posiblemente están mostrando áreas que más resaltan nuestra personalidad, es bueno saber escuchar a quienes nos demuestran que nos aman y están verdaderamente interesados en ayudarnos, pero por mas buenas intenciones que tengan estas personas en ayudarnos no tendrán un efecto en nosotros hasta que nosotros mismos decidamos realizar los cambios necesarios.

Saber escuchar, no es solo prestar atención, es poner tus sentidos atentos a lo que una persona te está diciendo, esto es fundamental como un paso hacia un cambio, aunque parezca contradictorio con lo que acabas de leer veras que el saber escuchar no tiene nada que ver con que permitas que lo que te digan te haga daño; sin embargo el saber escuchar, te hará una persona más sensata y prudente, reflejará en ti una personalidad más tolerable hacia quienes te rodean y más si aún vives en casa de tus padres, no importa la edad que tengas, vives en casa de ellos y ellos merecen respeto, el saber escuchar es una muestra de respeto, aunque en tu interior consideres que están equivocados, debes escuchar, no he dicho que debes admitir lo que ellos te estén diciendo, te estoy diciendo que escuches, lo que provoca daño a una persona por lo que escucha de sí misma, en opinión de los demás, es porque su mente no solo está atenta a lo que se está diciendo de ella, sino que también inconscientemente admite que la opinión formada de la persona es correcta y subconscientemente su mente percibe esa opinión como un concepto de su propia persona y es ahí donde se provoca el daño, en casos puede ser irreversible.

La próxima vez que alguien te recuerde quien eres y sientas que está apunto de dañarte detén un poco tus pensamientos y analiza lo que la persona te está diciendo, medita en qué te puede beneficiar su crítica, permanece atento, pero no admitas nada de lo que te está diciendo hasta que tú conscientemente perciba con qué intención te lo dice, si consideras que la información que recibes puede provocar daño en ti, internamente rechaza la información que estas escuchando sustituyéndola por pensamientos positivos, nunca le devuelvas el mal a la persona que se está dirigiendo a ti, contestándole agresivamente o callándola groseramente, puedes ser amable y cortés, ya que no conocemos sus intenciones internas con las que nos lo está diciendo, por muy molesta que parezca la persona que se dirige a ti; nunca sabremos sus verdaderas intenciones ya que no conocemos su corazón.

¿Cómo reconocer a ese ciervo que se acerca a ti compasivamente?

No todos los que se acerquen a ti se acercan con buenas intenciones, debes estar muy atento; pero ¿cómo estar atento cuando estamos pasando un momento o estado vulnerable en nuestra vida?, aunque corremos siempre un riesgo en equivocarnos, podemos percatarnos de las intenciones con las que una persona se puede acercar a nosotros, una forma de poder percibir la intención de su acercamiento, es a través de la mirada, la mirada puede reflejar tanto compasión como altanería, egocentrismo, envidia, coraje, odio, alegría, amor, entre otros sentimientos y emociones internas, seguido de una actitud verbal y corporal, no hace falta ser un psicólogo para que nuestra mente pueda captar las intenciones de alguien, ya que nuestra mente asocia el dolor, la felicidad, el peligro entre otras emociones y sentimientos, con experiencias que ya hayamos vivido, programando en nuestra mente las sensaciones que nos hayan dejado esas experiencias, siendo positivas o negativas.

Nuestra mente archiva la experiencia en nuestro subconsciente desarrollando mecanismos de defensa y sentidos de protección internos, esas asociaciones que nuestra mente ya ha hecho previamente basada en experiencias vividas, te hará sentir a través de reacciones en tu cuerpo advertencias de peligros que posiblemente te asechen; de ahí nacen las famosas mariposas en el estómago, que solo es una reacción mental reflejada en nuestro cuerpo por los nervios que se encuentran asociados a nuestro sistema digestivo y que tu percibes en la boca del estómago, así como las preocupaciones que provocan ciertas manifestaciones de dolor en diferentes formas, entre otros efectos que reflejan los mecanismos y asociaciones ya programadas en nuestra mente, como la alegría, la nostalgia, la melancolía e incluso el amor, que si no tenemos el cuidado en controlar esas reacciones pueden llegar a convertirse en reacciones psicosomáticas.

La conmiseración personal no es una muestra de interés personal, ni mucho menos una muestra de amor. Así que no esperes que una persona que intente verdaderamente ayudarte tenga conmiseración hacia ti, la conmiseración encierra la lástima y la pena, sin embargo la misericordia aunque se asocia con la compasión, no se definen con el mismo significado, todo lo contrario alguien que verdaderamente desea ayudarnos nos mostrará su misericordia por muy áspera que se escuche esta expresión, su definición encierra un sentimiento asociado al cariño y al amor, es por eso que Dios tiene misericordia por nosotros, mostrándonos su amor a través de su hijo Jesucristo; por eso es que está escrito: "De tal manera amó Dios al mundo que dio a su hijo unigénito para aquel que en Él cree, no se pierda más tenga vida eterna." Aquí se refleja la misericordia de Dios a través del amor de Jesucristo hacia el mundo, en el cual habitamos tú y yo.

Por eso aunque la conmiseración o la compasión como muchos la conocemos suene aparentemente como un interés hacia alguien que está pasando una situación difícil, su definición se asocia a la pena y la lástima, considero personalmente que ni tú, ni yo necesitamos que nadie nos tengan ni pena ni lástima; porque en nosotros reside un coctel de cualidades y habilidades que están esperando a emerger y ser descubiertas por nosotros mismos, convirtiéndonos en personas auténticas y únicas, no nos hace superiores a nadie, pero nos convierte en elementos complementarios para asociarnos con quienes nos rodean para cumplir de acuerdo a nuestro propósito una tarea definida y específica, que solamente tú y yo podremos realizar como nadie más. Aunque existen miles de artistas cada uno es identificado por su estilo personal de interpretación, de esa manera los separa del resto, convirtiéndolos en artistas originales.

El descubrir tus propias cualidades y habilidades te hace auténtico y eleva tu valor personal de autoestima; diviértete descubriéndote a ti mismo, disfruta de las etapas que vives, con optimismo podrás ver otra percepción de las cosas negativas, eso te convertirá en una persona auto didacta, moldeable y enseñable, no reniegues aunque eso sea muy común en ti, tu puedes quitar ese hábito de tu vida, renegar no te permitirá aprender lecciones sumamente importantes que son necesarias en nuestra vida para valorar lo que hemos logrado, sea poco o mucho tus resultados serán mayores a medida que sigas avanzando y cambiando la perspectiva sobre cómo te ves a ti mismo o a ti misma, de antemano te hago saber que no existe más daño que pueda perjudicarnos que el que nosotros nos hagamos, así que si eres de las personas que están acostumbradas a una dieta diaria de auto conmiseración y a recibir compasión externa de otras personas te sugiero que tomes la decisión de cambiar este hábito autodestructivo que pueda imposibilitar convertirte en una persona eficaz, feliz y con autoestima sano.

Los elementos a una sanidad definitiva.

- **Admitir que te has equivocado**

Reconocer que te equivoques no te convierte en una persona débil o vulnerable, todo lo contrario, resalta tu valor personal y tu humildad para aceptar tus errores.

Se requiere humildad para admitir cuando fallamos, lastimamos, herimos, maltratamos, menospreciamos y hasta para pedir sinceramente perdón se requiere una verdadera y honesta humildad, su alto valor es solamente igualable por la integridad, la sabiduría y el amor. Así que, si eres honesto contigo mismo podrás darte cuenta que en más de una ocasión te has equivocado, ya sea en una mala actitud, una mala reacción, una mirada de ira o expresiones hirientes y dañinas. Aunque es casi imposible sentir interiormente estos sentimientos y estas emociones, si podemos aprender a controlarlas y no permitir que salgan de nuestro interior y dañen a quienes amamos, es un proceso que demandará de ti un compromiso interno, en no permitir que tus emociones dominen tus acciones, ni tus palabras demandarán que seas humilde en reconocer cada ocasión en la que te equivoques, pero el fruto de este esfuerzo se verá reflejado en la confianza que ganarás entre tus seres más cercanos y a quienes amas, reflejará la calidad de persona que hay dentro de ti, proyectarás tu esfuerzo por cambiar, ganando el respeto y el amor de los demás y, aunque eso no lo llegues a notar, tu mayor satisfacción debe ser tu progreso de crecimiento personal interno, así que la próxima vez que alguien sienta que le debes una disculpa te sugiero que no se la niegues posiblemente estas liberándola y liberándote a ti de una atadura emocional, sé humilde y resalta tu valor propio y pide una sincera y honesta disculpa.

- **Aprender de tus errores**

No hay lecciones más grandes en la vida que las que nosotros mismos admitamos que hemos aprendido; aunque no sumo años de experiencia como muchas otras personas maduras, he tratado de aprender de mis errores que en más de una ocasión, han hecho ver mi inexperiencia y mi inmadurez, que en más de una ocasión me causaron problemas.

Evitar cometer errores lamentablemente es imposible o por lo menos yo no conozco hasta la fecha alguien que no haya cometido un error y si existe alguien con una humanidad tan imperfecta como la mía, jactancioso por no haber cometido ningún error, consideraría personalmente que no está siendo del todo honesto, aunque no podemos evitarlos, si podemos aprender de ellos, cómo?, meditando y reflexionando los daños y estragos que ocasionaron nuestros errores; por ejemplo no te gustó la comida que cocinó tu esposa con tanto esmero y dedicación, en lugar de criticarla y provocarle un daño con tus palabras hirientes porque cocinó algo que no era lo que tu esperabas, si ya lo habías hecho en el pasado y habías puesto atención que esa acción de criticar lo mal que cocinaba tu esposa provocaba en ella un mal desempeño para satisfacer tus gustos, es una buena oportunidad para aprender de este error y revertirlo, agradeciéndole a tu esposa por preparar la comida resaltando los esfuerzos y el esmero por mantener limpia también la casa y en el caso de que tengan hijos agradecer que está atenta a ellos, porque no es menor merito el cuidar y cocinar, observaras que al dejar de cometer el error de criticarla y ser más agradecido por los demás méritos que ella también hace, aumentarán en ella su confianza de cocinar mejor para ti, además de obtener un beneficio a tu favor harás sentir más amada a tu esposa.

En esta ocasión puse un ejemplo de una relación matrimonial pero el ejemplo engloba cualquier situación por la que hayamos pasado, puede ser de padres a hijos, de hijos a padres, de hermanos a hermanos, con tus familiares; cualquiera sea el caso, debemos aprender que cada palabra, actitud y acción que hagamos reflejará nuestra personalidad y, nosotros, nadie más que nosotros somos responsables de lo que proyectamos, por ello debes meditar y reflexionar por los errores que ya hayas cometido de manera que si se presenta una situación similar con el mismo error cometido, no lo vuelvas a cometer, créeme que quienes te rodean percibirán un cambio positivo en tu vida.

Tú eres la única persona en la faz de la tierra que tiene la decisión de cambiar tu futuro, a través de los errores que cometiste ayer, evitándolos hoy, evitaras que te afecten mañana.

• Perdonar a quienes te han dañado

La mayoría hemos escuchado que el perdón produce sanidad interior, considero personalmente que la sanidad interna es uno de los atributos y de los beneficios de perdonar, también el perdón produce "liberación", te libera de la amargura, te libera del resentimiento, te libera principalmente y muy importante de quien te provocó el daño. Para entender más sobre este punto importante, que es el perdón debemos entender su definición, su contexto como palabra, emoción y acto.

El perdón en su definición como palabra define la acción de disculpa, remisión, absolución y gracia, como emoción el perdón es manifestado como una necesidad interna por liberación y como acción demuestra un fruto de renovación en nuestra persona. Es por ello que se escribe "En quien tenemos "redención" por su sangre, el "perdón" de pecados según las riquezas de su "gracia", que hizo sobre abundar para con nosotros en toda sabiduría e inteligencia, dado a conocer a nosotros de acuerdo a su voluntad.

Es impresionante que en el nuevo testamento de la biblia en Efesios 1:7-10, enmarque tres principales características y atributos del perdón en su definición universal, "redención", "gracia" y nos deja la misma referencia integra de la palabra "perdón". Wow! Personalmente creo que Dios ama tanto a su creación que refleja en un solo versículo bíblico el amor inmenso y profundo por nosotros, imagínate si te dieras la oportunidad de conocer a Dios a través de la biblia, creo que terminarías completamente convencido de cuanto te ama. Una vez teniendo la percepción más detallada del perdón, tú mismo podrás determinar si necesitas perdonar a quienes te han dañado, podría escribir un libro entero sobre este tema, pero al fin de todo, tu eres quien tiene la decisión y la última palabra para decidir si perdonas de corazón a quienes te han provocado tanto daño, superarlo y comenzar un capitulo totalmente nuevo en tu vida.

Sugiero que no sigas atado a las personas que provocaron en tu pasado o en estos momentos ese dolor, ni esperes el momento ideal para perdonar, el momento es hoy, mañana habrá algo que tengas que perdonar también, al fin quien se beneficia eres tú, no quien te provoca el daño, esa persona que te hirió se daña a sí misma, dañando a quienes lo rodean, se tú, su puerta a la liberación perdonándolo o perdonándolos, tu felicidad y la sanaciones de tu corazón depende de este paso y la única medicina a ese cáncer emocional es perdonar.

- **Perdonarte a ti mismo o misma**

Aparentemente pareciera que no existe ni motivo, ni razón por lo que tengamos que perdonarnos. Si somos honestos con nosotros mismos nos daremos cuenta que a menos que nos perdonemos por nuestras malas decisiones que tomamos en nuestro pasado, no podremos avanzar satisfactoriamente a un capitulo nuevo de nuestra vida. Permitir años de situaciones tormentosas en la que eras sometida o sometido a una vida de represión mental y maltrato físico, en parte te hacen responsable del daño que recibiste, si de adulto lo seguías permitiendo, por tu falta de valor propio y por no valorarte lo suficiente, esa falta de valor provocó que aceptaras y permitieras situaciones que dañaron tu integridad personal.

El no perdonarte, no te permitirá reconocer el valor tan importante que hay en ti, estarás vulnerable a no poder evitar nuevamente que alguien quiera someterte a un trato indigno, devaluando tu valor personal. Perdonarte a ti misma o a ti mismo, no solo te auto valorará, también sanarás las heridas que necesitan ser cerradas para que puedas vivir una vida estable y sanamente emocional. El hecho es que aprendas a ver en ti un valor personal que nadie más pueda darte que tú mismo o tú misma, tu integridad personal depende del valor que tengas de ti y para eso necesitas estar en armonía contigo mismo.

Rescata tu valor a través de aceptarte tal y como eres, no permitas que nadie ponga un valor diferente al que tú sabes que tienes, por ello debes perdonarte por los daños involuntarios ocasionados, cada vez que inconscientemente o conscientemente tomabas decisiones que te perjudicaban.

- **Cambia tu actitud**

Un cambio positivo en nuestras actitudes se ve reflejado en nuestra persona. Un cambio de actitud, es un cambio de postura ante como reaccionamos a cada circunstancia que se nos presenta en nuestro diario vivir y que anteriormente nos hubiera afectado nuestra postura interna, ahora que hemos desarrollado nuevas actitudes en nosotros mismos podemos responder con seguridad y confianza en nuestras decisiones; las actitudes con las que respondamos a cada circunstancia y momento crítico de nuestra vida consecuentemente resaltaran nuestra postura interna que hemos desarrollado, reflejando lo mejor o lo peor de nosotros.

Ya que hemos adoptado cambios en nuestra persona por medio del perdón y de las lecciones que has recibido a través de cada circunstancia que se ha presentado a tu vida, lo único que te queda por hacer es probarte a ti mismo que puedes responder a cada situación, a cada comentario, a cada persona con intención de dañarte, con una actitud optimista y con la reacción adecuada sin dañar la integridad de nadie y al mismo tiempo defendiendo tu integridad personal, no necesitas reaccionar groseramente para hacerle saber a alguien que no son de tu agrado los comentarios o sus actitudes hacia ti.

Se necesita educación, un temperamento estable, carácter formado y emociones sanas, para hacerle saber a los demás por medio de tu silencio, o a través de respuestas firmes y contundentes, que no estás dispuesto a dejar que esa persona intente dañar tu integridad personal, en otras ocasiones tendrás que apartarte, ya que hay personas que no están dispuestas a reconocer que son ellas mismas quienes son dueñas de actitudes destructivas que les produce daño y las aleja de otros.

¿Cómo puedes adoptar un cambio de actitud?, comencemos con cosas cotidianas básicas y muy sencillas que reflejarán tu cambio de actitud, supongamos que empiezas tu día a las 8:00am, piensa, normalmente como te despertabas cada día; si siempre que te levantabas te daba igual, creo saber con qué actitud haces todo en lo que estas involucrado, no me extrañaría que tuvieras una lista interminable de despidos, tres o cuatro divorcios y quizá estés atravesando tu quinto o sexto divorcio, por ende hijos dañados, amigos que más que amigos son conocidos, que agradecen porque no los buscas, ni mucho menos los llamas, más que sentir preocupación por ti sienten alivio de no saber nada de ti, no me gustaría saber cómo es que respondes a las fricciones que se te presentan durante el día, me imagino el tormento que puede llegar a ser el conductor de al lado cuando vas manejando, claro si hay fortuna de que tengas automóvil, si no haz de ser el mal encarado que comparte asiento con algún otro pasajero de un algún trasporte público, sin pensar que todo, absolutamente todo te parece mal, no tienes ganas de superarte, ni cuidas tu alimentación, en fin como ya había dicho una lista interminable.

Cambia de actitud, ahora te despiertas agradecido por un día más de vida, agradeces por la oportunidad de disfrutar y estar al lado de tu esposa y de tus hijos, agradeces por el primer alimento del día y porque tienes un empleo o eres dueño de tu negocio, que es el medio por el cual puedes suplir las necesidades materiales de tu hogar; creo que ya has logrado el primer progreso en tu cambio de vida.

Personalmente siempre he creído, que con la actitud que comienzas tu día, es con la actitud con la que normalmente lo terminas, que paradoja! ¿verdad?

Y AHORA QUÉ?

LEVÁNTATE Y ANDA

CAPITULO .03

Y AHORA QUÉ?

CAPÍTULO 3

¿Y AHORA QUÉ?

Deja el pasado y avanza.

Debemos estar conscientes que en nuestra vida siempre existirá un antes y un después. El antes de nuestra vida, como ya hemos leído en los capítulos anteriores, son todas aquellas experiencias que dejaron una cicatriz en nosotros, como un recordatorio de importantes lecciones que nos dejó cada situación, no debes avergonzarte por las lecciones amargas que haya dejado tu pasado, recuerda que si no hubiese sido por esos momentos duros en tu vida hoy no podrías disfrutar de la felicidad que te rodea; para serte honesto, de nada te servirá leer este libro, ni ningún otro, si aún sigues aferrándote a revivir los errores que cometiste y te dañaron en el pasado, por más libros de desarrollo personal que leas, psicólogos que visites, antidepresivos que tomes, nada de eso te servirá, si tú no estás dispuesto a soltarte del pasado y enterrarlo, no sigas atormentando tu presente con algo que solo está en los recuerdos de una memoria que puedes renovar con nuevos momentos presentes en tu vida.

El primer paso a la felicidad es cuando nosotros mismos consideramos que no podemos hacer nada por cambiar nuestro pasado, pero sí podemos sonreír, aprovechar la oportunidad de estar vivos y comenzar nuevamente. Comenzando por rechazar todo lo que signifique un obstáculo a tu crecimiento, esto implicará que tengas que cortar relaciones y amistades dañinas, que te mantienen de alguna manera ligado a reacciones, actitudes, emociones, sentimientos, formas de pensar, creencias, hábitos o vicios pasados; si realmente quieres obtener un cambio notable y radical en tu vida, debes hacer un sincero balance de lo provechoso o perjudicial de tus relaciones personales, ambientes de los que te rodeas constantemente; llega a una conclusión honesta contigo, determina si en verdad están contribuyendo a cambiar tu vida o están solamente bloqueando tu progreso personal.

La sinceridad contigo mismo es fundamental y determinante en tus decisiones, debes saber que nuestro cuerpo no fue creado para el dolor ni para albergar sufrimiento, fue creado para la felicidad y albergar amor. Si concluyes que lo que acabas de leer se relaciona con tu forma de vivir actual, posiblemente sigues viviendo en el antes de tu vida, no te desanimes; comprende que todo cambio es progresivo, nuestras decisiones son fundamentales y determinantes en cada proceso de nuestra vida, tomando pequeñas decisiones hoy, podremos reflejar grandes cambios mañana.

Detenerte a pensar en las decisiones que tienes que tomar para cambiar tu vida, sería retrasar el proceso de tu desarrollo personal interno, tienes que ser determinante, firme y no negociar tu felicidad con tu pasado. Moverte hacia el frente, es lo único que te queda por ahora, una vez hayas cruzado la línea del cambio, retroceder solo implicaría atarte a una vida de conformismo y mediocridad que es cementerio de quienes pudieron haber hecho algo por ellos mismos e impactar la vida de quienes los rodearon, ahora solo están condenados a recuerdos borrosos que jamás volverán a vivir, oportunidades que no se les volverán a presentar.

Desistir a un cambio es empeñar tus sueños, comienza a avanzar hoy mismo, es necesario continuar, el desánimo es parte del ejercicio que fortalece tu interior exhortándote a luchar todos los días por ser distinto, no hay espacio para pensamientos pesimistas, eres un inconforme personal, siempre hambriento por cambiar, por superarte a ti mismo, el fracaso no es parte de tu vida, el ganar es lo único por lo que naciste, fuiste formado para demostrar que las circunstancias de tu presente no determinan tu futuro, has demostrado audacia en cada herida que te ha provocado el tiempo al salir victorioso en cada lucha, borrar tus cicatrices sería negar tus victorias, no pienses en lo que fue, piensa en lo que es y en lo que vendrá, no permitas que los infortunios que te acecharon un día vuelvan acercarse a tu puerta, mantente alerta, agudiza tus sentidos para que puedas reconocer cuando el fracaso se acerque disfrazado como un amigo piadoso, pidiéndote ayuda con la intención de robarte todo por lo que hasta el día de hoy has luchado.

Serás consciente que los resultados de tus esfuerzos no se mostrarán al inicio del día, sino cuando al atardecer el sol muestre la brillantes de tu cosecha, alzarás tu mirada y reconocerás que cada esfuerzo hecho, ha valido la pena; no, no puedes pensar ni si quiera un instante en lo que pudo haber llegado a ser, esto es el reflejo de lo que solo un hombre o una mujer dispuestos a superar sus propias limitaciones harían, no son súper héroes de algún comic popular, son hombres y mujeres ordinarios que decidieron cruzar la línea del cambio e insatisfechos por sus condiciones determinaron no morir así, prefiriendo morir en medio de la lucha antes de ser cautivos en la prisión del fracaso, donde el llanto, la conmiseración, la miseria, la depresión, son sus gobernantes, conocieron la felicidad, a su rey el amor y decidieron ganar sus propias luchas internas, el amor sanó sus heridas y la felicidad inundó su interior, ahora saben que no existe peor enemigo que el conformismo, al que ellos mismos decidieron un día renunciar, mirarás que quienes se atemorizaban de ti ahora desean compartir contigo, serás misericordioso, sabrás perdonar y ser agradecido, ya que ellos no comprendieron la lucha por la que atravesabas.

Haz algo diferente.

Una manera de ver resultados en tu vida que motiven tu desarrollo, es proponerte hacer algo distinto a lo que ya conoces, lo primero con lo que te vas a enfrentar al dar este paso, es el miedo a lo desconocido, sin embargo atreverte a probar tu capacidad interna despertará en ti el deseo de superar tus limitaciones, podrás obtener una perspectiva diferente de ti, aumentando tu confianza en tomar decisiones, en éste proceso te rodearan personas que tratarán de detenerte, tratarán de decirte como hacer las cosas y una vez que hayan visto que no pueden detenerte y lo hayas logrado, te dirán que siempre creyeron en ti.

No quiere decir que tengas que hacer a un lado todo lo que en este momento haces, lo que intento decirte es que hagas lo que te guste, probando diferentes métodos, usando tu creatividad interna para lograr tus propios objetivos y superar tus metas, no necesitas hacer a un lado todo, aunque implique que dejes pasar un período en lo que se te dificulta, no por falta de capacidad, sino porque en este momento no has encontrado el método o la solución al problema que estas atravesando.

Deberás trabajar mucho con tus pensamientos, porque de ellos es que tu ánimo, sentimientos y emociones se alimentan; un pensamiento negativo desencadena una serie de emociones antipáticas, proyectando un estado de ánimo depresivo, es fácil percibir cuando alguien está atravesando un problema o una situación difícil.

El optimismo es la capacidad de desarrollar pensamientos que nutran nuestro ánimo, emociones y sentimientos para generar soluciones prácticas a situaciones que se nos presenten, el ser optimista no quiere decir que niegues la realidad latente en la que vives, es percibir una perspectiva distinta a la realidad que atraviesas, puedes ver de dos formas cualquier situación, por ejemplo: se te avería una llanta, te percatas del hecho, te sales de la carretera y ves qué tan perjudicial es, la pinchadura no es tan profunda, es decir esta baja la llanta pero te permite llegar a una llantera, la perspectiva con la que veas la llanta averiada determinará como reacciones ante la situación, la realidad es que tienes una llanta dañada, consecuentemente la reacción que tengas te llevará a tomar una decisión, si tu reacción es pesimista tu mente te hará sentir que no llegarás a tu destino, bloqueara tu sentido de respuesta ante la situación y lo que podías haber solucionado con visualizar una solución alterna hace que optes por permanecer ahí hasta que alguien más te ayude, ahora si por el contrario tu reacción ante esta situación es optimista, te percataras de tu realidad, ya que esa no cambia, sin embargo tu reacción optimista te hará mantener la calma permitiendo a tu mente procesar la circunstancia, buscando alternativas para solucionar la situación, tu optimismo percibe cosas que tu pesimismo no, el optimismo te hace que notes que a pesar de que la llanta esta averiada no ha perdido todo el aire permitiéndote llegar al lugar donde puedas encontrar quien pueda reemplazar la llanta.

Lo que acabas de leer es un ejemplo de una situación donde hay dos tipos de reacciones, el hacer algo diferente a lo que hacemos comúnmente también tiene mucho que ver con el optimismo o el pesimismo con el que emprendemos o deseamos cambiar en nosotros, puedes ver todos tus esfuerzos de una perspectiva pesimista o puedes asimilar tus progresos de una manera optimista sabiendo que están en medio de un proceso de cambios en tu vida que son progresivos, la realidad es que estás en un proceso, la manera en como percibes cada progreso en tu vida define la perspectiva de cómo ves las situaciones que llegas a confrontarte, no abraces un sentimiento de inferioridad, detente por un momento y analiza la situación, quizá la respuesta está a tu puerta pero tu percepción de las cosas no te deja ver la solución.

No basta solo con dejar de lado situaciones que no podamos manejar, volverán a presentarse y debes estar preparado, no dar por sentado ningún hecho hará que tu mente genere soluciones alternas a cada situación, si permites que tu mente perciba que te has dado por vencido lo que pudo haber beneficiado tu crecimiento, ahora se ve frenado por desistir apresuradamente, en vez de analizar y buscar una alternativa que produjera una respuesta a tu favor, aprende a reírte de las cosas que no puedes solucionar por ti mismo y si es necesario permite que alguien más te ayude a que puedas obtener mejores resultados en las áreas de tu vida donde tú mismo identificas que son difíciles y que afectan tu estado anímico, reduciendo tus ganas de cambiar y tus deseos por hacer algo distinto.

Asume tu responsabilidad y no la de los demás

Toma en cuenta que tú eres responsable de cada decisión que tomes en tu vida, de los pensamientos que permites que influyan en ti, no asumas responsabilidades ajenas, es decir no permitas que lo que afecta la vida de alguien más afecte la tuya, es tu responsabilidad cuidar tu salud mental y tu integridad física.

En la mayoría de las personas que padecen de un prejuicio interno, es porque no tuvo cuidado de asimilar la información que percibía su mente, provocándole un daño, debemos estar consientes que es nuestra responsabilidad es ser cuidadosos en lo que permitimos a nuestra mente concebir, parte de nuestra responsabilidad es cuidar lo que influye en nuestra vida.

No porque alguien tenga problemas con un vicio nocivo, tú debes permitir que su irresponsabilidad consigo mismo influya en ti y te induzca a que aceptes lo que a esa persona la está destruyendo, o el hecho que una persona que fue abusada en su niñez, no desee liberarse del rencor que se anida en su corazón y provocándole infelicidad y amargura en su vida quiera destruir tus sueños, tus aspiraciones y tu superación personal.

Puedes mostrar misericordia a una persona que está pasando por un momento difícil en su vida, pero no puedes asumir su falta de responsabilidad personal como parte tuya, es decir que tu dejes de comer porque la persona no quiere comer, y como no quieres que se enfade contigo no comes, lo que haces es alimentar su irresponsabilidad, ya que ambos saben que si no comen, no tendrán los nutrientes suficientes para fortalecer su cuerpo y terminaran siendo un par de anémicos levantados por una ambulancia, obvio en el peor de los casos.

Asume lo que te corresponde como persona responsable, y no cometas el error de cambiar a los demás, suficiente trabajo tienes por corregir cada una de tus imperfecciones como para fijarte en las imperfecciones de los demás, si sientes que has logrado rebasar la línea de tus limitaciones, considera siempre lo que en un momento fuiste y mantén en tu memoria lo difícil que fue llegar a donde estás y no permitas que una irresponsabilidad ajena trunque tu cambio hacia la meta que as fijado en tu corazón.

Ser responsable contigo mismo es valorar a quienes te rodean y lo que haces por ellos, es decir cuido lo que sale de mi como un reflejo de lo que valen quienes te rodean, eso muchas veces incluirá el tipo de bromas que haces; más si se trata la crítica del estereotipo personal, no todo lo que nos causa gracia a nosotros le es de agrado a los demás, eso también es parte de nuestra responsabilidad, como controlar nuestras emociones, reacciones y nuestras actitudes. Quien sabe controlar una emoción, sabe dirigir su vida, quien cuida lo que dice es un líder, pero quien cuida una actitud es responsable por no dañar a quienes lo rodean.

Analicemos con qué actitud correspondemos en lo que nos involucramos, el ser agradecido acompañado de un acto generoso, es una mejor muestra de agradecer que solo una palabra, ya que en la acción demuestras afecto y en una palabra encierras un sentir, aunadas puedes hacer que una persona se sienta tan bien que la próxima vez estará ansiosa por volver a saber de ti, porque sabe que eres una persona verdaderamente agradecida, y tú estarás bien contigo mismo por haber sido responsable de valorar a esa persona que con agrado hizo algo por ti, haya sido algo grande o pequeño demostraste un valor hacia esa persona lo cual muestra tu valor humano, creo que a estas alturas has de estar pensando, verdaderamente todo esto es parte de asumir mis propias responsabilidades, sí!, esto es la parte básica y más sencilla, a medida que sumas años y experiencia, con ellos aumentan también las responsabilidades.

Me gustaría dejarte tres perfiles de responsabilidad personal que te ayudarán a obtener excelentes cambios en ti y con ello grandes beneficios a tu favor.

- **Nunca culpes a los demás de tus decisiones**

Siempre es más fácil apuntar a los demás que afrontar nuestras equivocaciones, lo que verdadera muestra nuestra responsabilidad, es cuando sinceramente admitimos nuestras malas decisiones y no inventamos excusas tratando de justificarlas, eso elevara tu valor de humildad, convirtiéndote en una persona auto didacta; una persona responsable de sí mismo asume las causas y consecuencias de sus decisiones, aumenta su conciencia de responsabilidad personal.

Si eres una persona que por lo general no te gusta que nadie te diga tus errores, puedes comenzar admitiendo pequeñas equivocaciones, el temor de estas personas, es que los demás dejen de confiar en ellos, pensando que no son capaces realizarse personalmente, aunque pareciera una justificación válida, lo único que provoca este sentir, es bloquear un aprendizaje a nuevas experiencias.

Admitir que lo sabemos todo es tan absurdo como decir que no necesitamos el aire para respirar, es tonta la comparación si así lo quieres, así de necio es pensar que todo lo que hagamos y decidamos sea certero.

Si un día nos equivocamos en nuestras decisiones y tenemos que pedir ayuda o un consejo, por supuesto que a quien le vayas a pedir ayuda o un consejo muestre mayor objetividad que la tuya y una madurez en sus vida, si eres un adolecente o joven adolecente de 10 a 19 años tu marco de referencia pueden ser tus padres en el caso de ser un joven de 20 en adelante puedes buscarla a través de personas mayores que tú, que reflejen una vida emocionalmente estable y responsable.

- **Admite cuando hayas fallado**

Ser sincero o deshonesto contigo mismo depende de ti, no de los demás, puedes vivir engañado o asumir tus errores.

La mejor manera de seguir creciendo es cuando sabemos que nos equivocamos , asumimos la responsabilidad y la corregimos, se requiere mucho valor, honestidad y dejar al lado el orgullo personal para admitir honrada, honesta y desinteresadamente cuando hemos errado en algo, porqué menciono desinteresadamente, porque también existen personas deshonestas que basan sus disculpas con la intención de obtener algo, admiten sus errores no porque estén conscientes de ello, sino porque de ello pueden obtener un beneficio.

Una esposa o un esposo, sospecha que su cónyuge le es infiel, de alguna manera se las arregla para descubrirle, al ser descubierto con pruebas no le queda otro remedio que admitir su acción, normalmente el 99.99% de los hombres o mujeres que son expuestos ante su debilidad, dicen palabras como: no sabía lo que hacía, me deje llevar, nunca pensé que pudiera afectarte, lo hacía por diversión; vaya manera de divertirse, al arriesgar a su cónyuge a quien dice amar a contraer una enfermedad de transmisión sexual, creo que no suena tan divertido después de todo, entre otra serie de excusas que aparentan admitir su fallo ante una debilidad, pero si es la tercera o cuarta vez que se ve en la misma situación, consideraría que no está siendo verdaderamente honesto, con la persona ni con sí mismo.

Admite su fallo con tal de obtener el perdón de su cónyuge, beneficiándole para no divorciarse lo que provoca que ésta situación se convierta en un círculo vicioso, más si ya han formado una familia con hijos, pero en realidad si es la tercera o cuarta vez que esta pareja se encuentra en la misma situación verdaderamente no está mostrando un genuino deseo por cambiar, lo más doloroso de esto es el daño en la formación personal en la vida de sus hijos muchas veces irreversible.

Admitir cuando erramos en algo, no es solo saber lo que hemos hecho, si no ser conscientes de que nuestros fallos pueden llegar a provocar, en nosotros consecuencias y en los demás heridas difíciles y prologadas en sanar, no es sano de ninguna manera que alimentes tus errores a través del orgullo.

El orgullo es el arma más destructiva para las emociones y los sentimientos, si pensabas que el orgullo tiene que ver con tu autoestima, permíteme aclárate esta idea errónea; ¡no! El orgullo, en sí refleja una baja autoestima, desconfianza en ti mismo y complejos internos que no te permiten ser feliz, como resultado te convierte en una persona pedante, arrogante y altiva.

Una autoestima sana, te permite ver y entender cuando te equivocas, ya que sabes que el haber fallado no te limita a seguir creciendo, ni mucho menos cambia tu valor personal, estás consiente que puedes obtener consecuencias de ello, pero jamás dejas de ser quien eres , serás más consiente al tomar decisiones la próxima vez, pero tu valor personal seguirá siendo el mismo.

• Sé Agradecido con tus responsabilidades

Seguramente te estás preguntando lo mismo que me pregunte un día, cuando no entendía que tenía que ser agradecido o con nuestras responsabilidades, bueno veamos juntos si es parte de nuestras responsabilidades o es solo una alusión a ella, considero que nadie tiene obligaciones hacia nosotros, aun nuestros padres, ellos no tienen hasta cierto punto obligaciones, como las que obviamente les corresponde durante nuestras primeras etapas de crecimiento y desarrollo, me refiero una etapa más consciente y madura, donde nuestro razonamiento nos permite comprender que somos independientes, no autosuficientes, independientes y por ello responsables de nuestro destino, pero antes de llegar a razonar este punto de tu vida.

¿Qué fue de ti en las primeras etapas de ella? Allí es donde entra nuestra responsabilidad de ser agradecido, quizá tu no tuviste la oportunidad de tener alguno de tu padres contigo, o desafortunadamente a ninguno de los dos, el caso que haya sido, debes saber que aún durante la penumbra de la noche hubo estrellas en la obscuridad que iluminaron o están iluminando tu camino en este momento, solo tienes que ser cuidadoso de percatarte de esas estrellas y observar su dirección para que te guíen al horizonte de donde muy pronto vendrá el amanecer.

Agradece, no por lo que se te dio, sino por los valores que te dieron y formaron en ti, que hoy te permiten ser quien eres o en quien te estas convirtiendo, aún si te hubieses encontrado con personas que se ensañaron con sus abusos, mentales, físicos y verbales, maltratándote y menos preciándote; tienes algo que agradecer y no es precisamente su mal trato o su pésima personalidad, sino por demostrarte su poco amor y su poca dignidad personal, resultado de una persona amargada, infeliz y desdichada, no son capaces de superar sus propias ataduras, definen el amor a su manera distorsionando su verdadero sentido; miserables, encadenados a su propio dolor y soledad del alma que abrazan desde su niñez, victimas de otra persona desdichada, no justificando sus acciones que deformó sus valores personales, convirtiéndola en una persona no muy querida por sus familiares y muy poco aceptable por quienes la rodean.

Aunque esas o esa persona piense que le debes todos los años que estuvo a tu lado, lamentablemente el amor es algo que se cultiva con el tiempo, no se le puede obligar a nadie dar, si no se siente, digo lamentable ya que es difícil producir amor por alguien; que los únicos recuerdos en tu memoria son sus abusos de toda índole, pero si puedes otórgate tu propia libertad de ser responsable con tu salud emocional, sentimental y mental, perdonando a esta persona o estas personas por todo lo que te hicieron, aplicar lo que considero ser agradecido por cada lección que recibimos, depende de ti como sacar de cada circunstancia y situación, ventaja o desventaja de las lecciones que recibes.

Lo que a muchas personas las puede deformar son: emociones, sentimientos, temperamento, carácter y su propia vida, tomando como justificación su desdicha aumentándola por la auto conmiseración, que los arroja a vicios nocivos; a otros les puede formar su carácter convirtiéndolos en personas con aspiraciones, soñadores, emprendedores, ganadores, exitosos, responsables, emocional y mentalmente estables.

Te dejo una definición personal sobre la palabra "responsabilidad". ATRIBUTO PERSONAL DE "RESPUESTA" CONJUNTA DE TUS "HABILIDADES" ANTE CADA CIRCUSTANCIA QUE SE PRESENTA A TU VIDA. Así que a partir de hoy, cuidemos como respondemos con nuestras habilidades ante cada circunstancia de nuestra vida.

Cambia hábitos

¿Qué es un hábito?

Es un acto de repetición que le causa placer al cerebro realizar constantemente, convirtiéndolo en un hábito, no importa si es malo o bueno.

Cuidar tu alimentación es un buen hábito que cuida tu salud, no cuidar tu alimentación crea un mal hábito que afecta tu salud, regularmente hay cosas que haces en tu vida inconscientemente que crean hábitos que actualmente te están perjudicando, uno o varios de ellos se desarrollan en tu privacidad, así es, cuando nadie te ve, es donde más riesgos de contraer malos hábitos existe, prueba de ello es la pornografía, te haz de preguntar, ¿qué tiene de malo con ello?, parte de la disfunción eréctil en el hombre es una de las consecuencias por este mal hábito, otra de las consecuencias que produce son trastornos mentales de distorsión personal, además que devalúa el respeto y la dignidad de las mujeres, rebajándolas a simples productos sexuales, lo cual no es nada sano para tu mente ni contribuye en nada a tus valores personales, claro si deseas tener un matrimonio sólido, con hijos sanos; si estas casado aún puede ser peor, ya que repercute mucho en tu comunicación íntima y general con tu esposa, me puedes decir; ¡hey! qué te sucede tengo 30 años de casado y nunca he tenido ningún problema de comunicación con mi esposa, a lo que respondería, si tú sabes cómo se sentiría cada vez que estás con ella y supiera que en tu mente la engañas con imágenes grabadas en tu subconsciente, a lo que tú responderías, yo no engaño a mi esposa mentalmente, ¡es estimulación!, y te dijera, no necesitas estimular tu cerebro, cuando estás enamorado de la mujer con quien has decidido compartir tu vida, el amor en un matrimonio es más que suficiente, innecesario de estímulos ajenos, saber que estás con una mujer de la que estás enamorado y amas, debe estimular tu creatividad para demostrarle de diferentes maneras lo mucho que es importante para ti, aunque esto se oye muy romántico, fuera del tema y poco real, existe, se requiere de mucho esfuerzo y lucha constante para cambiar hábitos destructivos por buenos hábitos.

¿Cómo se forma un hábito?

Un hábito se forma, como ya había mencionado por medio de acciones repetitivas constantes, es importante que tomemos en cuentas tres aspectos.

- Es más fácil adquirir malos hábitos que buenos
- Se requiere constancia para dejar malos hábitos
- Un hábito forma parte de nuestro carácter

Teniendo en cuenta estos tres aspectos, no te desanimarás por estar formando buenos hábitos constantemente.

Cuando una acción se convierten habito?: Cuando tu mente registra la actividad constante de una acción, tu cerebro percibe esa acción, como información sobre lo que haces, asimilándola como importante; basta con que el cerebro perciba veintiún veces, una misma acción para convertirlo en un hábito en nuestra vida, por ello debes prestar mucha atención a lo que inconscientemente haces y que se ha convertido en un hábito presente en tu vida.

Existen hábitos buenos y malos, pero lamentablemente es más común cultivar hábitos malos, que buenos, la razón de ello es porque tu cerebro debe percibir que es importante, te causa placer, capta tu atención y tu enfoque constante para que se convierta en un buen hábito, tan sencillo como lavarte los dientes o no lavártelos, bañarte o no, leer o no; un mal hábito no demanda ningún esfuerzo ya que lo hacemos inconscientemente, es decir mecánicamente o instintivamente, un buen hábito demanda esfuerzo consciente de voluntad que deseas realizar cierta acción, el resultado final depende de ti, que se forme un mal hábito o un buen habito.

Crea nuevos hábitos

Fomentar nuevos hábitos en tu vida, demandará de ti, disciplina constante en el cuidando de lo que haces y ves conscientemente, los hábitos ya sean buenos o malos siempre estarán a tu alrededor; leer es un buen habito, dependiendo el tipo de información que lees puedes crear pensamientos que generen malos hábitos.

Tú eliges el tipo de hábitos que deseas formar en tu vida, así como puedes elegirlos, también puedes rechazarlos, si deseas erradicar un mal hábito de tu vida también puedes hacerlo, solo necesitas identificar el hábito que deseas cambiar; pon todo tu esfuerzo y constancia para que puedas ver el cambio deseado en ti, recuerda solo necesitas veintiún días de disciplina constante y repetitiva para modificar en tu subconsciente un hábito que no desees más, no te será fácil los primeros diez días son los más difíciles, después es solo mantener constancia y no desanimarte, pon tu enfoque en lograrlo y no desistas hasta que veas el cambio.

Si no tienes nada que decir mejor no digas nada

La mejor manera de evitar herir a alguien es manteniendo nuestra boca cerrada, meditar por un momento antes de decir lo que pensamos decirle a la persona que tenemos enfrente, piensa si es bueno o malo lo que tienes que decirle, si consideras que es malo, solo mantén la calma y responde "No tengo nada que decir" es mucho mejor que un discurso hiriente.

Controlar nuestras palabras puede ser lo más difícil en todo el proceso de cambio, ya que es nuestro medio de comunicación con los demás, a través del habla es como comunicamos lo que ocurre en nuestro interior, lo que nos gusta, nuestras inconformidades, etcétera.

El problema no radica en expresar lo que sentimos, si no la manera en como lo expresamos, en una ocasión escuche a un empresario muy exitoso decir lo siguiente:

Prefiero pagarle más a una persona que sabe tratar con las personas, que a un genio en su compañía, agrego que no se requiere gran cosa para ser un experto en algo, pero sí se requiere una habilidad y destreza de tacto para tratar con las personas.

Qué quería decir exactamente este empresario exitoso con esta afirmación tan contundente, solo una cosa, podríamos ser personas sumamente inteligentes sin capacidad de comunicar ideas correctamente; si no sabemos comunicar lo que sentimos y deseamos de manera correcta será casi imposible que alguien pueda saber de qué estamos dotados.

Otro aspecto que debes cuidar es lo que comunicas con tu cuerpo, no necesariamente expresas verbalmente todo lo que sientes, basta con un manoteo, un mirada provocadora o un actitud corporal, nuestras inconformidades la podemos comunicar correcta, efectiva y educadamente sin llegar a extremos, e incluso si deseamos corregir o llamarle la atención a alguien lo podemos hacer de manera correcta, la otra persona no dejará de hacer lo que te molesta por mas uso de gritos que hagas o malas palabras que implementes, ni por casi violentarla con tus expresiones corporales; menos de la mitad de la energía corporal y verbal que usas para recriminarle a alguien tu inconformidad, es la que necesitas para comunicarte de una manera correcta, eficaz, sensata y tranquila, lo más importante sin dañar la integridad de la otra persona, sin provocarle una amenaza física, tu salud se verá beneficiada ya que no tendrás problemas de bilis, ni ansiedades nerviosas.

Reflexiona constantemente en tus cambios

En este punto ya deberías estar consciente de todo lo que has atravesado en tu vida, de todo lo que has podido progresar a través de este tiempo, detenerte por un momento, para apreciar lo bueno que fue decidir renunciar a una vida de resentimientos, dolor y amargura.

El mejor momento de tu vida fue ese día que dispusiste cambiar, sabías que no iba a ser fácil pero decidiste hacer el cambio y eso es lo que cuenta, hoy puedes reflexionar en lo que has logrado, o en lo que necesitas seguir trabajando, es verdad que no dejaremos de seguir trabajando en nosotros durante toda nuestra vida, pero observar los cambios progresivos que has logrado, te alentarán a continuar creciendo, desarrollando en ti la persona que debes ser, no puedes cambiar una forma de vida de veinte años en un día, pero si puedes ir mostrando cambios en cada esfuerzo diario que hagas.

Examina cuidadosamente como eras antes de comenzar a trabajar en ti, y ahora que has avanzado en tu labor interna, podrás notar varias diferencias, no te dejes llevar por lo que te digan o por lo que veas, recuerda los cambios son progresivos, conforme tú mismo sientas que has ido cambiando y con ello creciendo quienes te rodean lo notarán, sin necesidad de mencionar nada, ellos mismos se volverán a ti y posiblemente los más honestos, que en verdad te aprecian, te mostraran su apoyo, no todos lo harán aunque lo notarán.

Recuerda tu motivación no debe ser quienes te rodean, debe ser tu deseo por cambiar tu vida, por una vida emocionalmente estable, ésta tiene que ser tu principal motivación para que se puedan producir cambios permanentes y duraderos, no trates de agradar a los demás, ellos tienen sus propios cambios que hacer, tú tienes que ocuparte en lo que necesitas cambiar y para ello siempre reflexiona qué has logrado, o en lo que te sigue causando problemas en tu vida, sigue siendo honesto por muy dolorosa que sea la verdad que tengas que admitir, hazlo que en ella hay un gran beneficio para ti y para quienes amas, entre más saludable y estable emocionalmente estés, podrás formar bases sólidas en tus relaciones personales.

Por ejemplo: si eres un hombre o mujer casada, formarás bases sólidas en la relación de tu matrimonio, si eres un joven o una joven, formarás bases sólidas en la relación con tus padres, si eres un novio o novia que muy pronto va contraer nupcias, qué mejor que formar bases emocionales sólidas y estables antes de casarse.

Reflexiona en todos los aspectos de tu vida, dependiendo la conclusión a que llegues sea buena o mala, considera siempre que puedes mejorar aun lo que has logrado, no seas conformista con los resultados iniciales, busca siempre la excelencia de lo que puedes hacer, si lo logras hacer en ti lo podrás hacer en cada objetivo que te propongas, siempre mantén la consideración que puedes mejorar aún más, lo que tengas que exigirle alguien, exígetelo a ti mismo, no podemos cambiar a nadie más, que no seamos nosotros mismos. Así que cuando lleguen pensamientos tratando de desanimarte en tu lucha por un cambio, reflexiona antes de abrazar cualquier pensamiento negativo, medita en que hay de bueno en dar un paso atrás, cuando ya has avanzado tanto como para bajar los brazos; determina seguir avanzando hasta que la última gota de voluntad se haya vaciado de tu fuerza.

Date una nueva oportunidad.

¿Quién teniendo vida, no puede determinar el comenzar de nuevo?, solo aquellos que se han dejado abandonados por sus memorias y recuerdos de dolor, soledad, nostalgia, melancolía cuyo valor han decidido empeñarlo a cambio de desdicha y resentimiento, a quienes la mediocridad y el conformismo los gobierna, han deseado cambiar la dulzura de la miel de la vida, por el amargo sabor de la infelicidad, niegan así su existencia, porque se reúsan a ser participes de lo maravilloso que es la vida, confunden dinero con felicidad y dicha con fortuna, he visto pobres que lo único que tienen es dinero y ricos que no dejan de soñar aun estando en medio de la desdicha de su infortunio.

¿Quién pidió nacer? Nadie, sin embargo, pensamiento de Dios es el ser humano, que antes que existiera, ya vivía en la memoria de Dios , ¿acaso no es eso mayor fortuna que el oro de este mundo?, no para todos, solo aquellos que saben que Dios es quien da el aliento para que el ser humano continúe respirando, no conozco mayor desdicha que aquella que el mismo ser humano haya decidido aceptar en su mente para después condenar sus años sobre la tierra, sé sabio y piensa que si no hubiese una salida Dios no te seguiría permitiendo vivir.

¿Quién eres tú para determinar las oportunidades de tu vida?, acaso eres mayor que aquel que creó el cielo y la tierra en siete días, que fundó esta tierra sobre los cimientos de las expansiones de las aguas, que sostiene el universo solo con su poder, basta con solo saber que Él existe para volver a comenzar, en cada amanecer muestra a través del canto de las aves su misericordia, ¿acaso no se dice que el humano es la corona de la creación?, pues como toda joya en ocasiones es necesario pulirlas ya que con el paso del tiempo pierden su brillo, mas no por ello dejan de tener valor.

¿Quién eres tú, que crees que tu fuerza radica en el poder de tu conocimiento y en el fundamento de tus logros?, he visto mayor fuerza en una roca que no es movida por la fuerza de las olas del mar, que un hombre tratando de dominar su propio temperamento, fuerte es aquel que comienza de nuevo, refrena su temperamento y se conduce con sabiduría, débil es aquel que cree que todo lo que ha logrado jamás lo perderá.

Muchos tienen el mal concepto de que la vida se les acabó el día que fueron menospreciados, abusados, rechazados, se divorciaron, les fueron infieles, etcétera. Lo que desconocen es, que un evento no puede definir todos los años de vida que puedas disfrutar, en lugar de revivirlos y lamentarte por algo que no podrás evitar cambiar, no existe mayor dolor que el que nosotros nos causemos con el remordimiento de recuerdos del pasado, llámese: novio, novia, divorcio, maltrato, violación, abuso físico, mental o verbal, etcétera.

Superarlo no depende de los demás depende ti y en ello está la fuente o el desierto de tu felicidad, no es fácil decir: hoy no pensaré más en mi pasado, sea cual haya sido, me concentraré en lo que vivo y lo que me queda por vivir; el beneficio que sacarás de esto es muy grande, si has dejado de creer en ti por un pasado inexistente que vive en tu memoria y revives en tu inconsciente o que sigue latente en tu vida, por ejemplo: si tu pasado lo marcó una persona, borrar a la persona por más que quieras no podrás, pero si puedes controlar los pensamientos que llegan a ti cada vez que sientes ansiedad en tus emociones; en el caso de tus recuerdos, borrarlos al cien por ciento es casi imposible, sin embargo puedes reprogramar esos momentos con memorias diferentes, lo que hace que no borres del todo lo que te sucedió, pero tu mente olvidará los sucesos sustituyéndolos por nuevos recuerdos en tu memoria.

Existen ciertos componentes que podemos desarrollar para ayudar a nuestro cerebro a sustituir recuerdos dañinos por buenos recuerdos, aquí una serie de los que personalmente me han ayudado a aligerar las circunstancias que se me presentan; sonreír, reír, disfrutar, gozar y por último plenitud.

Sonreír, siempre aligera la carga, todos tenemos días buenos y días complicados, la solución a un día complicado es tener en cuenta que a pesar que las cosas no están saliendo como lo deseamos, podemos elegir entre que, las situaciones se salgan de control o sonreír ante ellas; sonreír ante ellas no te hace vulnerable, todo lo contrario, le ayudas a tu cerebro a relajarse y al mismo tiempo que pueda encontrar una solución viable a las situaciones, es una forma de mostrar calma ante cada situación, no dejando que las circunstancias gobiernen tus sentimientos y tus emociones, muestras una firmeza en tu temperamento a medida que aumentas la confianza a quienes te rodean, por el equilibrio de tus emociones, además, siempre es muy agradable encontrarse con una persona sonriente todo el tiempo, nunca sabrás a cuantas personas les alegrarás el día con solo verte sonreír, tu sonrisa puede caracterizar tu personalidad, gente querrá estar cerca de ti solo porque les transmites calma y tranquilidad en tu sonrisa, te hace una persona más agraciada, resalta tu belleza interna y refina tu porte personal.

Reír, es más que una expresión de felicidad, nutre tu espíritu, transmite paz a quienes te rodean y le ayuda a tu cuerpo a fortalecer su salud, si la sonrisa transmite calma y tranquilidad, la risa complementa tu fortaleza interna; si quieres más razones por las cuales reírte mencionaré algunas, para que consideres más a menudo reírte.

Reír te ayuda a combatir el estrés

Reduce los niveles de hormonas que provocan el estrés como la epinefrina y cortisol.

Reírse es un antidepresivo natural y elimina la ansiedad

El estrés se ha convertido en parte de la vida de muchas personas, la risa ayuda a mejorar tu autoestima y con ello combate la depresión. Algunas personas dejaron de tomar sus medicamentos antidepresivos y tranquilizantes, cuando comenzaron a integrar la risa, como parte cotidiana de su vida diaria.

Reírse ayuda a tu sistema inmunológico a fortalecerse

El sistema inmune tiene un papel muy importante para la salud, el cual le ayuda al cuerpo a defenderse y neutralizar su avance, además que recupera la salud del cuerpo. La risa aumenta las células NK, que son las que ayudan al crear glóbulos blancos en la sangre y que a su vez forman anticuerpos a través de la Inmunoglobina A.

Reírse es un Analgésico Natural

La risa incrementa los niveles de endorfinas y es parte de los analgésicos naturales del cuerpo. Las endorfinas que se liberan como resultado de una risa vigorosa, ayudan a reducir la intensidad del dolor en personas que padecen de artritis, espondilitis y espasmos musculares.

Reírse ayuda a controlar la presión arterial

La risa ayuda a controlar la presión sanguínea, reduciendo la liberación de las hormonas relacionadas con el estrés. una dosis de risa de diez minutos puede reducir la presión arterial, no quiere decir que las personas que toman diariamente medicamento para controlar la presión queden sanos.

Reírse es parte del ejercicio diario

Reírse estimula el corazón y la sangre, es el equivalente a realizar cualquier otro tipo de ejercicio aeróbico tradicional. un minuto de reír vigorosamente equivale a 10 minutos en las máquinas de ejercicio. El beneficio que la mayoría de las personas recibe es una sensación de bienestar derivada del incremento de oxigenación en el cuerpo durante la risa. Es un ejercicio que la mayoría de la gente puede realizar.

Reír ayuda a tonificar tus músculos y rejuvenece tu piel

El mejor tonificador natural es la risa; ya que incrementa el suministro de sangre hacia el rostro, lo que provoca que algunas personas luzcan ruborizadas. Esto nutre la piel y la hace relucir. Las personas se ven más jóvenes y divertidas cuando ríen.

La risa mejora la oxigenación sanguínea

Reír mejora la actividad pulmonar y los niveles de oxígeno en la sangre.

¡Mejora tu vida riendo!

Si pensabas que sonreír y reír era lo mismo, espero que te hayas dado cuenta que no es así; la manera en la que reaccionas a cada circunstancia, siempre dependerá de las decisiones que tomes al momento que se presentan. Ríe de todo y disfrutarás más tu vida.

Disfruta. ¿Cómo podemos disfrutar cada momento de nuestra vida cuando las cosas no nos están yendo nada bien? no existe una fórmula mágica para convertir los malos momentos en buenos instantáneamente; puedes estar teniendo un día espectacular y por alguna razón tu día se ve perjudicado por algo o alguien, permitir que esa influencia externa o interna perjudique tu día, es ceder tu voluntad y tu felicidad a las circunstancias.

En lo particular considero que todo depende de la perspectiva con la que veamos cada situación que se nos presenta en nuestro diario vivir, puedes ir domingo por la mañana a la cafetería de tu preferencia y disfrutar de un de café recién preparado, como también puedes ir un lunes por la mañana a la misma cafetería que fuiste el domingo y no disfrutarlo, solo por la razón que es lunes y tienes que ir corriendo a tu trabajo.

Entre los trajines de la vida diaria, existen momentos que pasamos desapercibidos, podrás decir bueno es que el domingo por la mañana no tengo prisa de nada, por eso puedo tomarme el tiempo de tomar un café y disfrutarlo, si analizas un poco, tomas café por las mañanas, la única diferencia es que en lugar de habértelo tomado el domingo lo tomaste el lunes, pero el café sigue siendo recién preparado por la misma franquicia de cafetería que es de tu preferencia, lo que cambia es que vas corriendo, lunes por la mañana y no lo estas disfrutando, porque tu mente está pensando en que vas tarde, no vas a llegar a tiempo a tu trabajo, en todas las tareas que tienes que hacer durante el día; cuando menos te das cuenta el café que habías disfrutado el domingo ya te lo tomaste sin siquiera haberlo disfrutado, sentiste lo caliente del café, percibiste su sabor por tu sentido del gusto, mas no por eso quiere decir que lo hayas disfrutado, porque tu mente estaba ocupada en todo lo que estaba aconteciendo, y solo el sentido del gusto percibía que estabas tomando café.

Así como el café, existen muchos momentos pequeños que pasan por nuestra vida y no los disfrutamos, solo se extinguen como si nunca hubieran estado allí, posiblemente el hombre o la mujer de tu vida está frente a ti y por no prestar atención y disfrutar cada instante no te des cuenta de las señales que envía ese hombre o esa mujer, así mismo sucede en nuestro trabajo, disfrutarlo aumenta nuestro rendimiento así como nuestros ingresos y a la vez refleja lo eficaces que somos en el desempeño de nuestro trabajo, posiblemente digas qué tiene de agradable disfrutar lavar platos, limpiar pisos, o cualquier otra tarea que no es de tu agrado, para ti quizá ninguna, pero es una buena oportunidad para demostrar a quien te contrató que disfrutas lo que haces independientemente lo que sea, así como puedes lavar platos o limpiar pisos, puedes ser gerente e igual disfrutarlo, no se trata del tipo de tarea que te toque hacer, sino con el entusiasmo con que la realizas y desempeñas tus actividades.

La vida es demasiado corta como para no disfrutarla, no confundas disfrutarla con vacaciones, ni mucho menos con gastar dinero, puedes estar en la quiebra e igual disfrutar de un día despejado a lado de tu familia, no quiere decir que vivas irresponsablemente y que dejes tus obligaciones, pero aun eso lo puedes disfrutar, el solo hecho que has cumplido responsablemente te debe hacer sentir bien contigo mismo, porque pudiste haber decidido no ser responsable y elegiste serlo, no se trata de los bienes que puedas poseer o de las comodidades que puedas adquirir, si no cómo las disfrutas, puedes tener todo lo que siempre has deseado y no disfrutarlo, para ello necesitas contemplar tu interior, estar en paz contigo mismo a través de tus emociones y sentimientos.

Una señal de no estar en armonía contigo mismo es cuando no puedes disfrutar de las cosas que te ofrece la vida, pareciera que siempre hay algo que te hecha a perder toda tu felicidad y la armonía que parecía habías encontrado, cuando de repente se esfuma frente a ti y te vuelves a sentir solo en tu interior, sabes que te falta algo pero no sabes qué es, sientes que estas mejor que nunca con tus relaciones personales, tu esposa o tu familia te acepta mejor, pero aun sientes como si estuvieras incompleto y no sabes qué es, déjame decirte que parte fundamental de tu paz interior tiene que ver mucho con tu armonía espiritual, no es menos importante, negar la existencia de Dios sería negar que todo lo que te rodea existe, tú no existes por capricho de la naturaleza, existes porque Dios tiene un propósito fundamental para tu vida, ÉL está ansioso por mostrarte ese propósito y desea hablarte de ese propósito especial para tu vida, para ello necesitas estar en armonía con tu espíritu, la única manera que conozco para que puedas lograr esa armonía espiritual es acercándote a Dios; parte de su propósito para ti es que disfrutes de los días que Él desea que vivas, no te creó para que vivas en la desdicha, ese nunca ha sido el plan de Dios para la humanidad, pero así como Él desea que la humanidad disfrute de su estancia en la tierra, también le dio potestad al ser humano que eligiera sus propias decisiones, nos ahorraríamos muchos problemas si antes de tomar decisiones conociéramos el plan de vida de Dios que ha diseñado para cada uno, nos complicaríamos menos la vida y la disfrutaríamos más.

Si tu pregunta mental que estas formulando es: ¿quiere decir que si vivo el propósito que Dios ha diseñado para mi vida los problemas se acabaron?, ¡No!, todo lo contrario, los problemas seguirán persistiendo, con la gran diferencia que tendrás anticipadamente la solución a cada problema, situación o adversidad, tu corazón estará tranquilo porque sabrá que está en un propósito, tu espíritu reposará en confianza y tu vida se tornará más ligera, aumentará tu alegría y lo que antes no disfrutabas ahora disfrutarás como nunca antes.

Gozar es compartir con quienes te rodean todo lo que tú mismo aprecias y disfrutas, llega un momento en la vida donde tu satisfacción se convierte en lo que compartes y en lo que logras, porque sabes que lo que logras no tendría ningún significado si no lo pudieras compartir con quienes te rodean, me refiero todos aquellos que han sido testigos de los cambios progresivos que has logrado sin necesidad de tener un capataz a lado que te obligue a hacer las cosas, mostrarás los resultados que te ha dejado cada proceso que has pasado a lo largo de tu vida.

Debes sentir mayor entusiasmo por seguir adelante a medida que ves cómo lo que antes era una carga demasiado pesada para ti, se aligeró con el entendimiento de que una vez comiences a sonreír, la vida te sonríe, para después reírte de tus problemas, para poder gozar cada resultado con quienes más amas, ya sea tu esposa, tus padres, una novia insegura de aceptar casarse contigo, créeme que le dará mucha confianza ver como has logrado cambiar todo lo que parecía que no ibas a lograr nunca cambiar, como lo he venido repitiendo constantemente no depende de nadie más, solo de ti.

Goza lo que la vida te ofrece, sin que ello ponga en duda tu integridad, gozar no es pensar en fiesta todo el tiempo, es centrar tu vida en objetivos y cumplir metas que permitan realizarte personalmente, eso te hará sentir un gozo interno más duradero que una vez pasada la fiesta, te despiertes con un dolor de cabeza, y si tienes fortuna recordarás lo que hiciste la noche anterior.

¿Quién necesita drogas, alcohol u otras sustancias nocivas para gozar la vida más que de la juventud?, no creo que seas tan insolente como para saber que el veneno de ratas siendo un químico tan fuerte, estando consiente del mal que te puede hacer, te lo administres para sentirte mejor, por fortuna Dios dotó al ser humano con un cerebro equipado de miles de billones de neuronas para que pudiera razonar y distinguir de entre lo bueno y lo malo, de otra manera distinguir de entre lo que perjudica el bienestar de cada persona y lo que le beneficia a su salud personal, a estas alturas creo que debes pensar si verdaderamente estas gozando de tu vida, o solo le estas restando años a tu futuro que cada día se acorta por no tener en cuenta los riesgos que conlleva cada vez que supuestamente gozas y disfrutas de tu vida, si lo has hecho como tu religión de cada sábado o para los más religiosos desde el miércoles hasta el domingo, existen otros más religiosos que se han consagrado de por vida, algunos yacen bajo tierra, sin siquiera haber conocido su propósito personal.

No me mal entiendas con censurar la diversión o las fiestas, me refiero a que puedes gozar de tu libertad, pero no pongas tu salud en riesgo solo por placer, es mejor ir a una guerra y perder la vida por una causa justa hasta cierto punto, que una noche de fiesta sin razón alguna, piensa más a menudo en tus hijos en el caso de tenerlos, si eres un soltero o soltera empedernida, no creas que por no tener compromiso con alguien no debes de cuidarte, tus padres, no creo que porque no te dicen nada no los lastimes, cada vez que ven las condiciones en que te encuentras muy a menudo, si eres madre o padre soltero creo que sobra decirte que tu ejemplo le resta autoridad a tu postura como padre o madre, cómo vas a pedir a tu hijo que no sea como tú eres, si eso es todo lo que le enseñas con tu conducta, cómo vas a pedirle que se cuide, si es una mujer si el ejemplo que le diste fue todo lo contrario, la fuerza de nuestra autoridad está en el ejemplo que brindamos, no en lo que exigimos, es absurdo exigirle a alguien algo que no puedes ni tú mismo dominar, si es hombre es aún peor, irá por la vida tratando de encontrar su identidad distorsionada por el ejemplo que obtuvo.

Personalmente considero que el alto índice de madres solteras y hombres irresponsables, es debido a éste terrible mal de sacar de contexto "gozar", manifiestan que gozan porque obtienen un placer momentáneo, justifican su absurdo e inmaduro comportamiento adolescente adulto en ellos, por cualquier tontería que venga a su cerebro, como resultado, hoy tenemos madres solteras, para hacer dulce, hijos vulnerables e inestables emocionalmente, porque un día una pareja que "gozaba de la vida" sin desearlo, resulto en un embarazo y el irresponsable padre salió huyendo en busca de otra víctima, a lo cual escucharemos la clásica asignatura de la frase, todos los hombres son iguales y la otra igual de famosa, todas las mujeres son iguales, es como escuchar y ver niños pataleando, porque alguien no les complació su capricho y lo manifiestan tirándose al suelo, llorando, para ver si de esa manera consiguen quien les complazca su capricho adolecente adulto, por fortuna gracias a Dios no es la mayoría pero tampoco es la minoría, hasta para evitar estos casos también somos responsables de nuestras decisiones, ya que si no hubiera una mujer que se prestara a seducirse por un hombre, que ella sabe, porque sí lo sabe, que ese hombre está en busca de una noche o en ocasiones meses o años de solo placer, evitaría mucho de estas estadísticas que se convierte más comunes.

¿Quieres verdaderamente placer?, espera ese momento que llegará a tu vida, con un hombre que te demuestre con hechos y no con palabras lo importante que eres tú para él, comprometiéndose ante un altar con un anillo en tu dedo declarándote su fidelidad ante Dios; sé que suena muy cursi, pero créeme existe y es lo mejor que ambos podrán experimentar no hay mejor compromiso que delante de Dios, recuerda Dios no fundó de ninguna manera la unión libre entre dos personas, Él fundó el matrimonio, lo bendijo como columna de la familia, sellando ese compromiso entre un hombre y una mujer a través de los hijos.

Como conclusión entendemos que gozar no solo se trata de ir por la vida haciendo lo que nos parezca porque así gozamos de ella; espero que no sea así, es todo lo contrario, gozamos la vida por que disfrutamos estar vivos y porque de ello podemos realizarnos como personas con un propósito, confrontamos los problemas que nos llegan porque sabemos que tenemos la capacidad de pensar y encontrar soluciones viables para cada situación, gozamos porque disfrutamos estar al lado de alguien a quien amamos a través de ese amor cultivado, nacerán nuestros hijos, frutos del amor entre tu pareja y tú.

Plenitud, es cuando combinas la sonrisa y la conviertes en risa, disfrutas de cada momento que vives y gozando de lo que has realizado a través de los años lo cual llena de plenitud tu vida, porque sabes que a pesar de lo duro o difícil que fue al inicio del proceso has logrado modificar lo que hubiera parecido ser tu forma de vivir, te reusaste a permanecer así, y decidiste cambiar, ahora puedes sentirte pleno, ya que sabes que a pesar de las luchas y las cicatrices puedes ver que eres una persona diferente, con una nueva manera de pensar, con nuevos hábitos, nuevos valores, mejores perspectivas de ver, analizar las circunstancias, te sientes con la fuerza y el ímpetu por volver a empezar, no importa las veces que caigas, siempre y cuando tengas la disposición, la fuerza de voluntad para volverte a levantar e intentarlo las veces que sean necesarias con tal de no morir así, porque has entendido que tienes un propósito y debes cumplirlo, tu razón de existencia es la responsabilidad de saber que tienes un propósito y debes cumplirlo, ahí yace tu plenitud en saber que conforme pasa el tiempo, te esfuerzas llenándote de plenitud, gozas, ríes disfrutas y le sonríes a la vida porque gracias a Dios hoy estas vi

Y AHORA QUÉ?

LEVÁNTATE
Y ANDA

CAPITULO .04

LEVÁNTATE

CAPÍTULO 4

LEVÁNTATE

Renueva tus pensamientos constantemente.

El pensamiento que concibas acerca de ti, es lo que surgirá en todo lo que emprendas, si piensas que vas a lograr algo en tu vida, así será, si piensas que eres un ganador, eso serás, si concluyes que eres un triunfador en todo lo que hagas, pasará a ser una realidad, debo de advertirte que este mismo efecto que beneficia tu vida, puede alterarse en tu contra por pensamientos negativos y pesimistas que tengas de ti, por ello debes renovar constantemente tus pensamientos, analizando cada uno de ellos, aunque es muy difícil tener control de lo que piensas puedes formar un hábito que te ayude a filtrar tus pensamientos.

Una fábrica de ideas con una inmensa bodega interminable de pensamientos yace en nosotros en espera que la pongamos a trabajar, pero como toda fábrica es necesario aprender a usar la maquinaria que reside en ella y administrar cada recurso que existe en ella correctamente, sino de otra manera será un caos catastrófico, no saber cómo conducir adecuadamente nuestra fábrica de pensamientos, su maquinaria producirá pensamientos e ideas sin ningún control y beneficio para ti, malgastarás los recursos mentales sin siquiera darte cuenta, vivirás de acuerdo a tu fabricación incontrolable de pensamientos y no como dueño de cada uno de ellos, los cuales puedes utilizar para conducirte hacia cada meta que desees cumplir, cada pensamiento es un recurso para generar un potencial en tu vida, lo que separa a un ganador de un perdedor no es ni su habilidad, su fortaleza o su destreza, es su mentalidad, ya que la habilidad, la destreza y la fortaleza se fabrican en la mente para después desarrollarse en el cuerpo, de acuerdo a lo que tú fabriques con tus pensamientos, así serán los resultados que obtengas en cualquier área que desenvuelvas tu capacidad y tus habilidades, así que no hay pretexto limitante que te frene a realizar cualquier disciplina o reto que te propongas, solo necesitas proponerte en tu mente los retos o metas que deseas lograr, poner a trabajar tu fábrica de pensamientos que genere las ideas necesarias junto con una acción continua hasta que obtengas los resultados por los cuales estas esforzándote.

Cada pensamiento supone una idea y cada idea supone una solución para nuestra vida, de ahí es que hoy podemos gozar de la tecnología, de avances en la medicina entre otros tantos beneficios en los cuales nos hemos desarrollado como humanos, date cuenta que todos nacemos con un cerebro, un corazón, con el mismo número de horas, la diferencia reside en como retroalimentamos nuestro cerebro, por ello es que no importa el contexto en el hayas nacido o te encuentres actualmente, lo que importa es que decidas cambiar tu destino renovando tus pensamientos habituales, por pensamientos que te permitan ver un mejor panorama de lo que puedes lograr y no dejarte engañar por lo que percibe tu sentido de la vista, ya que eso es solo una condición no tu vida, si tomas la tarea de reprogramar lo que produce actualmente tu fábrica mental, por nueva producción de pensamientos que generen ideas transformadoras a beneficio de tu vida, de la vida de quienes te rodean y de quienes amas.

¿Cómo renovamos un pensamiento?, primero debemos saber cómo se forma un pensamiento para después resolver como renovarlo, no entraré en detalles sobre el proceso mental que genera un pensamiento, solo deseo darte una referencia básica, sencilla de entender como son los pensamientos para lograr entender como renovarlos, los pensamientos se forman en nuestra corteza cerebral y se alimenta de información que encuentran en nuestro subconsciente, nuestro cerebro puede generar sesenta mil pensamientos por día y cada pensamiento contiene cien mil ideas aproximadamente imagínate esa cantidad de ideas y pensamientos nutridos con la información adecuada, el potencial que puedes desarrollar y los logros tan fascinantes que puedes obtener; todo esto ocurre de acuerdo a la información que hayamos guardado en nuestro subconsciente previamente analizada por nuestra mente consiente, que es la que le da el valor de importancia a cada información que recibimos, cuando me refiero a información me refiero a cada una de las experiencias que hayas obtenido a lo largo de tu vida, los peligros que se te hayan presentado , las decisiones hayas tomado y que tomas a diario, todo gira siempre alrededor de un universo de información, de ahí tu cerebro determina lo que es mejor para ti, solo tú ejecutas la información que recibes, generado por miles de pensamientos que puedes usar a tu favor o en tu contra, imagínate que harías con seiscientos mil dólares diarios en pensamientos sin contar los cien mil dólares en ideas que genera tu mente, creo que somos seres inmensamente archimillonarios sin siquiera saberlo, pero ahora que lo sabemos creo que es tiempo de aprender cómo renovar cada pensamiento que tengamos, cómo enfocarlo para crear la o las ideas necesaria para mejorar nuestra vida y la vida de quienes nos rodean, recuerda que siempre que busques mejorar tu vida, mejoras la vida de quienes te rodean, es inevitable la influencia que ejerce el cambio personal en los demás.

Renovar nuestros pensamientos consiste en retroalimentar nuestro cerebro de información nueva de la que ya tenemos en nuestro subconsciente, esto quizá implique que tengas que cambiar o evitar ciertos ambientes que envían información a tu cerebro a través de lo que escuchas que no te permite renovar tus pensamientos, al igual de información visual que recibe a través de lo que ves, como también de la información escrita que lees, esto es parte del proceso de renovar nuestros pensamientos, si estás decidido a darle un giro total a tu vida, permíteme sugerirte que enfoques tu mente en recibir información renovada de la que ya posees en tu cerebro, reemplazándola por nueva y mejor información, de nada te servirá desgastar tu cerebro tratando de generar pensamientos nuevos si no tienes de donde nutrirlo, para generar nuevos y renovados pensamientos, trata de cuidar lo que ves, como lo que escuchas de quienes te rodean en el ambiente donde te desenvuelves, no leas cualquier información, analízala y equipara con el valor de tiempo que debes invertir en cada lectura, así como nuestro cuerpo requiere de vitaminas para fortalecerse, nuestros cerebro necesita nutrientes de información que le permitan renovar nuestros pensamientos, no estoy tratando de decirte que tienes que aislarte de todos, lo que trato de decir que es cuides, lo que permites entrar a tu bodega mental, ahora ya sabes que cada información que tú permitas entrar a tu cerebro fabricará pensamientos, desembocando su efecto en tu persona, tu subconsciente no distingue entre la información errónea de la correcta, para ello tienes tu mente consiente que es la que analiza cada información que recibes, de acuerdo a la emoción que experimentas, cada experiencia tu mente consiente le indica a tu subconsciente cómo clasificarla, de esta manera es como se archiva todo lo que vivimos.

La tarea de aprender a renovar nuestros pensamientos no es nada fácil, de ello depende mucha disciplina, constancia y ganas de lograr un cambio personal, si tienes estos tres elementos firmes, tu fábrica mental comenzará a arrojar toda la información necesaria fabricando los pensamientos correctos para que puedas lograr cada cambio que necesites hacer para mejorar tu vida, comienza desde hoy, no necesitas leer miles de enciclopedias, o irte a un desierto para evitar que alguien influya negativamente en ti, tampoco necesitas tirar la televisión a la basura para evitar ver algo que te influya negativamente, hemos hablado a lo largo de este libro sobre nuestras decisiones como de otras herramientas que te permitirán tener cambios firmes en tu vida.

La base de todos estos cambios siempre dependerá de esta palabra conjunta a una acción "decisión" sino aprendes a mantener firmes tus decisiones, serán muy poco los avances y resultados que verás a lo largo del proceso, pero si eres una persona de firmes decisiones, no tendrás ningún problema con este proceso en tu vida, te será más fácil, ya que no se trata de huir de esta tierra, de lo que se trata es de cuidar cada aspecto que nos influencia a diario en nuestra vida, puede ser un programa de televisión, las noticias vespertinas o nocturnas que ves, como la revista semanal que lees, el periódico que acostumbras al tomar tu café, los libros de ciencia ficción que lees, las amistades que permites que influyan sobre tus pensamientos, etcétera.

Como protagonista de nuestra vida, definitivamente nosotros decidimos como escribir el guion, el desenlace y cómo acabar nuestra historia en la tierra, ¿te has puesto a pensar en esto por un momento?, si lo has hecho o no, creo que es momento que relaciones lo que estás viviendo con lo que piensas, quizá el tipo de vida que llevas es el reflejo de lo que estás pensando actualmente, ya que tú mismo decides con tus pensamientos escribir tu historia y tus ideas definen como vivirla; aunque pareciera imposible vivir de una manera distinta a la que estás cansado, porque no es la vida que deseas vivir, lograrlo no te será sencillo pero si la determinación por cambiar tu contexto de vida y tu entorno la mantienes firme en tu mente, lo imaginas, lo puedes hacer realidad, prueba de ello es que un día un hombre imaginó que podía crear luz, y hoy podemos gozar de ella, no existe nada imposible, solo demanda más esfuerzo y mayor disciplina, lo que tratará de limitarnos siempre, son nuestros pensamientos, en ellos radican la fuerza de voluntad, la información necesaria para llevar acabo lo que deseemos, la coordinación entre nuestros pensamientos y nuestro cuerpo para determinar tomar acción, así como puede impulsarte hacia adelante, también tu mente puede generar pensamientos de duda y temor frenándote, produciendo un efecto contrario, vencer el temor al fracaso es aprender a correr riesgos, no existen garantías de que todo lo que pienses y te propongas no cometas errores y por ello venga el fracaso, no por ello debes desanimarte, debes persistir hasta llegar a ver los resultados deseados, no puedes pensar en comer algo, sin después proponerte qué cocinar para después comerlo y disfrutarlo, aunque es un ejemplo muy abstracto, algo así de sencillo también puede hacer que te quedes con hambre todo el día, por evitar el proceso de cocinar.

Por lo tanto si queremos ver un resultado positivo en nosotros, no solo basta con tener el deseo, es necesario que emprendamos a tomar acción, miles de personas no logran sus objetivos porque la vida se les va en deseos y en buenas intenciones, así decidieron escribir el guion de su vida, hoy tú tienes una noción más clara de lo que necesitas si deseas cambiar el transcurso total de tu vida actual, de ello está en que te propongas renovar constantemente lo que piensas, una de las mejores formas que podemos implementar en la renovación de nuestros pensamientos, es constantemente analizar cada uno de ellos previamente y concluir si son los pensamientos correctos que te permitirán un avance progresivo en tu vida, siempre tienes que tomar en cuenta esto tan fundamental que si no contribuye a tu crecimiento, por muy buen pensamiento que parezca, debes tener en cuenta que puede convertirse en un obstáculo, en vez de un avance, no tomes una decisión apresurada, toma brevemente un instante para analizar si el pensamiento que estás abrazando en tu cerebro te sirve para determinada situación, así es como aprendemos a administrar cada pensamiento que obtenemos en el ejercicio de nuestra mente, no obstante que podemos también generar miles de pensamientos sin siquiera sacarles un beneficio, por ello necesitamos analizarlos y después concluir como utilizarlos, ya que cada pensamiento se ve reflejado en nosotros a través de nuestra personalidad, como nos expresamos es la manera que pensamos, de la forma en que vemos la vida, aunque es de considerar que no todos tenemos la vida llena de buenas experiencias, como para expresarnos o ver situaciones que se presentan con optimismo, una vez que empieces a renovar tus pensamientos podrás notar que con la nueva información que has alimentado tu subconsciente, esas mismas experiencias no las veras igual que antes.

Te preguntarás, porque hacías de estas circunstancias un obstáculo en tu vida, de eso se trata este proceso, no dejarás de vivir y experimentar situaciones, pero tendrás una mejor respuesta ante cada circunstancia que se te presente en tu diario vivir, ya que tienes en ti la información necesaria para fabricar los pensamientos correctos para determinadas situaciones, de hecho vives una vida más apegada a la realidad de la que posiblemente no sabías que podías llegar a tener.

La mayoría de nosotros regularmente vivimos cada situación de acuerdo a experiencias que tuvimos en el pasado, hayan sido diez o veinte años si se revive una situación que en el pasado no hayamos sabido cómo responder, es posible que volvamos a cometer el mismo, o los mismos errores, Ahora con la mente renovada , lo que antes hubiese sido una respuesta negativa, ahora tu mente busca en esa fuente de información los pensamientos adecuados para determinar una respuesta lógica, certera y objetiva.

¿cuál fue el resultado que obtuviste una vez hayas renovado tus pensamientos?, respuestas a cada situación de forma lógica, certera y objetiva, creo que vale la pena tomar en cuenta la importancia que tiene el renovar nuestros pensamientos, ya que también esto nos beneficiará con nuestras relaciones personales, a todos nos gusta estar al lado de personas que nos inspiren confianza y seguridad, parte de los beneficios de renovar tus pensamientos equivale en que adquieras mayor confianza en ti acompañada de una interna seguridad que reflejarás con tu persona a donde vayas.

A lo largo de este capítulo, hemos hablado cómo recurrir a diferentes fuentes que nos permitan renovar constantemente nuestros pensamientos, otra fuente de pensamientos que no he mencionado, es la fuente espiritual, al principio del capítulo te mencione que nuestra mente es como una fábrica, que genera pensamientos, bueno como toda fábrica, si no conocemos la maquinaria que en ella hay no sabremos cómo aprovecharla al máximo, fabricando pensamientos óptimos de bienestar para nosotros, es por eso que debemos recurrir al fabricante que construyó la maquinaria con la que nosotros fabricamos nuestros pensamientos, ya que es el único que sabe cómo hacer que esta ingeniería tan avanzada que poseemos trabaje cien por ciento optima en la fabricación de pensamientos, para ello debes de reconocer que existen áreas débiles y vulnerables que no puedes dominar, por más esfuerzos que haces pareciera que tu mente te traiciona, incitándote a seguir atado a lo que tanto te reúsas internamente hacer, para después sentirte que por mayores esfuerzos que hagas no llegarás nunca a cambiar ciertos patrones en tu vida, bueno si esta es tu situación, tengo una noticia que te permitirá deshacerte de esos patrones que no deseas que sigan en tu vida, y es recurrir a consultar al fabricante original de tu maquinaria mental.

El fabricante de la maquinaria mental

Aunque existen avances en los estudios del cerebro muy importantes, existen aún miles de incógnitas sobre su funcionamiento total, existen estudios que nos dan luz de todo lo que nuestro cerebro puede hacer y cómo se comunica a través de todo nuestro cuerpo, sus funciones y el trabajo tan importante que realiza en nosotros.

Entonces ¿porque es que el ser humano no puede cambiar ciertos patrones de conducta, por más esfuerzos que haga?, a pesar de ser una pregunta demasiado compleja, existe una respuesta contundente e irrefutable, por más escépticos que contradigan la existencia divina de Dios quien fue quien creó todo lo que en nosotros existe, no habrá absolutamente una respuesta a nuestros patrones, si no consultamos al fabricante de nuestra maquinaria mental, simple, pero demasiado difícil, cuando tu orgullo no te permite aceptar que no eres auto suficiente, que tu independencia personal no depende de tu capacidad, sino de tu dependencia del fabricante, nosotros solo manejamos la fábrica, mas no diseñamos ni mucho menos creamos la maquinaria que está en nosotros, llamada cerebro, el único que puede resolver los problemas de patrones en tu vida es el fabricante, nadie más ya que Él sabe dónde se originó el problema que es necesario cambiar, en qué lugar de tu cerebro se encuentra el problema.

Recuerda que dentro de nosotros existe un universo de información que científicamente está comprobado que tenemos solamente acceso al diez por ciento de él y los más hábiles han llegado a desarrollar un poco más, entre ese universo de neuronas existe información que solamente quien fabricó esta ingeniería tan compleja de entender, puede resolver el problema que tanto te aqueja, es verdad nosotros podemos renovar nuestros pensamientos, pero de ninguna manera podremos modificar su ingeniería original, aunque existen áreas en la medicina especializadas a trabajar en el funcionamiento del cerebro; han tratado de encontrar diferencia entre el cerebro de una persona intelectualmente preparada con coeficiente mental alto, con el de personas sin formación académica, la única diferencia encontrada entre ellas fue la información que yacía en el cerebro de la persona académicamente preparada, que desarrolló en él pensamientos distintos a los de las otras personas de ahí todo era lo mismo, es decir el cerebro no se les hizo más grande o dejaron de ser humanos, ni mucho menos dejaron de comer, solo se empeñaron en nutrir su cerebro de información, que permitió desarrollar en ellos habilidades, sin embargo ambos pueden sentirse internamente desdichados, porque aún existe algo más profundo que nuestros pensamientos, que humanamente es imposible de descubrir, por ello el deseo de Dios es que nos conozcamos a nosotros para identificar nuestra capacidad, pero no para ser autosuficientes, el ser humano puede generar pensamientos autodestructivos porque creen que tienen todo el conocimiento para manejar a su antojo la ingeniería mental que poseen, convirtiéndose en personas autosuficientes negando la existencia del fabricante, lo cual es peligroso y muy destructivo.

Un claro ejemplo es el caso de cierto líder que su mente lo traicionó haciéndole creer que su raza, debería ser netamente pura sin mezcla ajena a otras razas étnicas, lo cual lo llevo a matar cerca de sesenta millones de judíos y veinte millones de otras razas étnicas diferentes solo por sentir esa autosuficiencia mental que lo destruyó.

Ser independiente no te hace autosuficiente, la independencia es parte de nuestra realización personal, porque logras desarrollarte personalmente, haciéndote responsable, sin embargo la autosuficiencia, te sega de la existencia que te rodea y lo peor niega la existencia de quien fabricó la ingeniería que hoy posees, así que si deseas realmente alterar tu ingeniería debes consultar al fabricante, ahora ¿cómo consultarlo?, Dios siempre ha estado deseoso de acercarse a su creación, solo que su creación está tan ocupada en atender otras cosas menos importantes que le generan problemas que atender la voz de su creador, no quiero decir que Dios solo desea que estés sentado esperando que Él te hable, no, todo lo contrario, te creó para que te superes, y que logres tus sueños y con ello cumplas el propósito por el cual fuiste creado, pero más allá de eso Él desea acercarse a ti y darte instrucciones para que entiendas mejor la ingeniería metal que puso en ti, ha buscado miles de formas, una de ellas mandando a su propio hijo a la tierra para entablar una cercanía con la humanidad, produciéndose así cuando fue crucificado, ese sacrificio tan significativo para la humanidad fue la que rompió la frontera que existía entre Dios y la humanidad, aunque siempre ha existido quien se oponga a esa relación, Dios siempre se ha preocupado por mantenerla viva, después de la resurrección de Jesucristo, Dios usó otro hombre movido por su espíritu para extender su pensamiento a la humanidad sobre su amor y su hijo, levantando a un Joven alemán quien con un noventa y cinco tesis y un valor ordinario, tradujo por primera vez del latín a una lengua totalmente diferente la biblia, años más tarde existiría miles de traducciones en diferentes idiomas sobre la biblia, siendo el libro más vendido sobre la tierra, aunque la biblia es pensamiento de Dios escrito, debemos entender que la biblia está codificada de manera que solo nuestra mente renovada pueda comprender el mensaje vivo que en ella existe, en todo caso viene siendo un libro más con un mensaje asombroso, pero sin poder, por ello es que nosotros no poseemos todos los accesos a nuestro cerebro, imagínate lo catastrófico que pudiera ser para la humanidad si cualquier persona pudiera tener acceso a los códigos que Dios solo revela a quien se dispone renovar su cerebro con sus instrucciones a través del manual que nos dejó a través de la biblia, así que encontramos que la manera en que podemos consultar al fabricante empieza leyendo el manual, ya que en el manual no solo nos indica como renovar nuestros pensamientos, también nos habla de cuidados en nuestra vida y peligros que nos acechan que debemos evitar, el manual de la vida llamado biblia, no es solo un libro de referencia dogmática que usas cada vez que vas a un evento religioso, o cuando te acuerdas que existe Dios, o por ansia de calmar tu conciencia, en ella realmente existe vida, tanto natural como espiritual, no trato de venderte ninguna religión, aclaro que Dios de hecho no es exclusividad de nadie, por lo tanto tampoco de ninguna religión, Dios es un ser autónomo, omnisciente, omnipresente, soberano, dispuesto a revelarse a quien lo busque de total entrega y corazón, no sé qué idea o concepto tengas tú de Dios, pero creo que debes analizar al mismo tiempo que asimilas que posiblemente tu vida, tu matrimonio, la relación con tus padres, etcétera, esté donde se encuentra en este momento porque Dios desea restaurar tus pensamientos, con ello tu vida, para ello necesitas nuevamente tomar la decisión de permitirle que lo haga.

El fabricante desea darte la solución a los problemas con tu fabrica mental que en lugar de fabricar pensamientos que se conviertan en patrones correctos, está fabricando erróneamente otro tipo de patrones, no por que seas defectuoso, eres creación de Dios, y Dios es perfecto, por lo tanto todo lo que el crea es bello y perfecto, lo que sí sucede es que con el tiempo como toda maquinaria si no tiene los servicios necesarios tiende a fallar, así que no debes porqué sentir que no tienes esperanza en cambiar aun lo que sentías que no podías cambiar, debes estar plenamente seguro que Dios puede hacer todo lo que tú no puedas hacer, de ahí nace nuestra dependencia de Dios, por naturaleza el ser humano siempre quiere destacar sobre el resto, lo cual lo convierte en un ser de desarrollo y superación, la razón por la que la vida nos presenta obstáculos es para recordarnos y mantenernos presente que nuestra independencia no nos hace autosuficientes, es ahí donde recurrimos a nuestra dependencia de Dios, no porque seamos inútiles sin Él, sino porque existen detalles que debemos conocer acerca de nosotros y de nuestra vida y para ello debemos recurrir a quien nos creó; los que contamos con la fortuna de manejar un automóvil, si le sucede algo, lo más sensato es recurrir directamente al fabricante o a un mecánico capacitado en reparación de modelos de autos con computadora integrada, ya que a través de un sistema pueden conocer los detalles que presenta el vehículo, arrojando las causas por las cuales no opera correctamente, de esa manera el mecánico sabrá que reparar, de otra forma seria muy arriesgado por parte del dueño y del mecánico aventurarse a reparar algo que ninguno de los dos tiene noción de lo que en verdad le sucede al automóvil.

El temor de la mayoría de las personas cuando se les menciona sobre el factor Dios en sus vidas, es la imagen que su cerebro les refleja a través del concepto que tienen de Dios, el primer concepto sobre Dios que tiene la mayoría es "religión", el segundo concepto que tienen las personas referente a Dios es "castigo", el tercer concepto de Dios que tienen la mayoría es "que tiene que limitarse a vivir el tipo de vida que llevan", otro concepto muy común es "Dios es inalcanzable" ahora, ¿esto será cierto, o es solo un mito religioso?, la verdad es que tu vida si se verá afectada, la manera en que se verá afectada es en un modo positivo reflejado en cambios, la razón por que la mayoría de las personas tienen un concepto erróneo de lo que Dios desea para su vida, es porque no desean experimentar un cambio de vida, otra razón es la relación con tres fuentes, la primer fuente mental es la relación que hacen con el trato familiar, la mayoría cree o piensa que si sus padres o familiares no fueron capases de perdonar ciertas actitudes o errores, Dios tampoco lo hará, otra fuente es como la sociedad te ve, relacionando la manera que Dios ve a través de cómo te ven los demás, lo cual es un error terrible, la otra fuente es creer que eres demasiado inmundo como para acercarte a Dios, lo cual te hace merecedor del perdón de Dios quizá sin tú saberlo, si ya lo sabías entonces quiere decir que simplemente te estas reusando a aceptar su perdón, mientras no desees modificar los factores que impiden que veas una imagen negativa de Dios, te será imposible quebrar las barreras que bloquean el verdadero concepto de la imagen de Dios que tienes en tu mente ya establecida, si consideras que este es el problema que no te permite ver a Dios de otra manera, comienza por conocer más acerca de Él, a medida que lo conoces más, cada vez que se presenten pensamientos que contraríen a lo que ya conoces, tu cerebro genera un mecanismo de auto respuesta basado en la nueva información que tienes acerca de Dios, esto fortalecerá tus convicciones acerca de Él, cuidará tus pensamientos, tendrás mayores motivos para hacer a un lado todos los mitos y temores que tenías sobre Dios.

El mejor mañana para comenzar es hoy mismo.

No esperes las circunstancias indicadas para tomar las decisiones que debes tomar, el momento ideal para comenzar a forjar cambios es este momento, que es lo único seguro que tienes, el día de mañana te espera con nuevos retos que debes afrontar y debes estar preparado a reaccionar ante ellos, no puedes permitirte por ninguna circunstancia por muy adversa que sea reaccionar de la misma forma que lo sigues haciendo, de otra manera no ha valido de nada todo este proceso en el que te encuentras, cada proceso en nuestra vida sirve para sacar lo mejor de él y aprender de cada adversidad que se nos haya presentado durante ese proceso, lo que permite que maduremos en nuestro crecimiento personal, reusarte a los procesos que tienes que pasar en tu vida, es limitar tu capacidad y tus habilidades para desarrollar tu potencial, si deseas descubrir tu verdadero potencial, la mejor forma de descubrirlo es en medio del proceso, donde muchos huyen o se dejan derrotar por las circunstancias, entre más cerca estés del suelo mejor impulso tendrás para levantarte, no desistas al cambio en tu vida, ni tampoco pospongas hacer los cambios necesarios que tienes que comenzar a hacer a partir de este momento, piensa qué cambios necesitas hacer, que relaciones necesitas tal vez poner un espacio momentáneo en lo que pasas este proceso, qué hábitos necesitas dejar, qué estas retrasando en tu vida para no comprometerte contigo mismo al cambio, solo tú puedes contestarte cada una de las preguntas que suenan como excusas en tu mente para evitar que pongas tu esfuerzo y todo tu empeño a realizar los cambios necesarios en tu vida, no tienes el día de mañana para tomar esta decisión, el día de mañana llegará y también encontrarás la excusa para retrasar esta decisión, solo tienes este momento estas horas, para decidirte que debes hacer para lograr el cambio que necesita surgir en tu vida, hemos hablado de herramientas prácticas que te ayudarán a mantenerte firme en el proceso de tu cambio personal, no negocies tu libertad con la indecisión, arriésgate, toma el control de tu vida, no le abras la puerta a la duda que quiere convencerte que tú eres así, que nunca vas a cambiar, porque el problema no solamente radica en ti, sino en toda tu familia, escucha la voz interna de tu corazón que dice, que no tienes porqué conformarte a vivir así, tu puedes marcar la diferencia en tu familia y romper con la tradición familiar que los ha atado a una vida raquíticamente desdichada, no me refiero a un estado si no a una condición mental, ahí se originan la mayoría de todos los males, ahí se fragua todo lo que puede convertirse en una amenaza para tu vida o puedes usarla para crear la vida de tus sueños, todo está en que te atrevas a tomar hoy mismo la decisión de reusarte a seguir el mismo patrón de vida que hasta hoy te mantiene en el mismo lugar donde no deseas estar.

Una vez hayas tomado una decisión firme, asegúrate de analizar cuidadosamente cada uno de los factores que te podrían tratar de frenar en la decisión que ya has tomado, y genera pensamientos con los que puedas rebatir cada pensamiento que quiera hacer que desista, dialoga constantemente contigo internamente, haciéndote ver los beneficios que podrás obtener de este proceso, recuerda retroalimentar tu cerebro de información que te permita generar fortaleza en ti para que continúes avanzado, visualiza sobre en quien deseas convertirte, aunque tu realidad parezca otra al final lo que sientas en tu interior es lo que terminarás siendo el resto de tu vida, no vivas de acuerdo la condición en la que estás, eso solo es un estado temporal si has decidido no seguir viviendo así, necesitas vivir pensando constantemente en lo que ves de ti en tu interior, deja a tu creatividad mostrarte lo que puedes llegar a ser si tan solo te enfocas en conseguirlo, nunca confundas una vida imaginaria, con visualizar tu vida a través de un proceso, el proceso es el que te conducirá a la vida que tanto has soñado, durante este proceso, te superarás, desarrollarás habilidades, aprenderás a conocerte a ti mismo mucho mejor de lo que piensas que te conoces, probarás tu resistencia a cada circunstancia, probarás tu valor al enfrentarte a nuevos y difíciles retos, también saborearas las victorias obtenidas, adquirirás conocimiento, verás al final del proceso la persona que fuiste y en quien te convertiste, esto es una razón más para que no dejes para mañana lo que puedes comenzar hacer hoy, los grandes cambios se producen con pequeñas decisiones diarias, los seres humanos tenemos algo en particular y es que siempre queremos conocer el futuro, prueba de ello es que ni siquiera sabemos si viviremos el día de mañana , planeamos todo lo que haremos e inclusive nos aseguramos consultar el estado del tiempo, para conocer si vamos a gozar de un clima hermoso, qué sucede, llega el día de mañana surgen nuevas situaciones que cambian nuestros planes, además del clima que en vez de soleado como lo pronosticaron, cae una tormenta que impide que tu plan de salir de compras se haya cancelado, siempre deseamos adelantarnos a varias cosas pero cuando se trata de tomar decisiones puntuales solemos retrasarlas por mil razones injustificables , nada pierdes con adelantarte a tomar decisiones puntuales que interiormente sabes que tarde o temprano debes tomar, ¿por qué no hacerlo hoy mismo?, de ello depende cambiar tu estado actual de vida, no vivas resignado con lo que tienes hoy por la falsa creencia de ser agradecido, ser agradecido es muy distinto a ser conformista, agradecido es saber vivir con lo que tienes pero no conformarte, porque sabes que si pudiste lograr obtener lo que hoy tienes, puedes lograr obtener mejores resultados, conformarte es admitir que eres quien eres y que no hay modo de cómo cambiar, eso es ser extremadamente conformista, si estás soltero, no condenes tu futuro a una vida de conformismo, si estás casado, ten un poco de conciencia en no ser tan egoísta y solo pensar en ti, piensa también en la persona que ya es parte de ti, no creo que le guste vivir en el estado en que vives, el que no te lo diga tu cónyuge, no quiere decir que esté feliz, ambos pueden cambiar su estado por algo mejor.

El principio de todo cambio, es el deseo interno, de ahí parte todo, ¿lo tienes?, si lo tienes creo que estás en un estado de conciencia donde has analizado todo lo que has vivido y has llegado a la conclusión de darle un giro total a tu vida, te felicito por ello, créeme que no existe mejor decisión que aquella hecha como ésta, los primeros pasos a la vida de tus sueños han comenzado, así como tú, en este momento hay miles de personas que desean cambiar pero les cuesta tomar la decisión que valientemente acabas de tomar, todo lo que hasta este momento de tu vida parecía imposible e irreal, progresivamente verás ante tus ojos cómo se trasforma en una realidad latente, habrán ocasiones donde solo tendrás que seguir caminando por fe, sin siquiera saber si algo está sucediendo a tu alrededor, a esta etapa la denomino madurez mental, donde ya no te guías por lo que escuchas, o por lo que ves, solo avanzas porque sabes que de ello depende tus logros y todas las metas que te propusiste alcanzar al inicio del proceso, en esta etapa, entregas lo mejor de ti, no importándote que pueda suceder, sabes que no tienes nada que perder, no tienes una credibilidad que cuidar, reputación que mantener, por ello te determinas a avanzar, porque sabes que esto se trata d00e ti, y de nadie más, eres tú contra ti mismo, abstenerte a marchar, es como si le robaras felicidad a tu familia, como sabes que no eres ningún delincuente, no deseas responder cobardemente ante la fricción del proceso que cada día pasa, sientes cómo se hace angosto el estrecho camino que solo recorren los ganadores, porque saben que al fin del camino se encuentra la línea de llegada, para darse cuenta que existe otra línea de salida con algo nuevo que conquistar, el cansancio no hace efecto en ti, piensas por un momento en la retirada, pero no abrazas la idea, el solo recordar la pobreza mental de donde saliste te hace reusar a darte por vencido, has alcanzado la madurez, tu propia madurez donde nadie te dijo que lo hicieras, donde nadie te dijo como hacerlo, donde tu instinto de supervivencia lo sentiste a flor de piel, por la fricción del camino, sonríes al mismo tiempo que volteas y miras todo el camino recorrido, piensas, qué más queda, al fin y al cabo no puedo perder absolutamente nada, todo lo que queda frente a mi es el camino hacia la victoria que comenzaste, cuando pensabas posponer un día más la decisión al cambio, renunciaste a ser mediocre y comenzaste a cambiar a partir de ese momento, no le veías, tampoco lo sentías, pero tu mente se conectó con tus sentidos anunciando la nueva decisión que volcaría tu vida, a lo que estás experimentando, cierras los ojos como esfuerzo a no dejar caer lágrimas, que no conocías, ya que las lágrimas que siempre salían de ti, solo eran la expresión de miseria, dolor o angustia, esta vez no sabes porque lloras, recorre una extraña sensación tu cuerpo de gozo y al mismo tiempo lloras, te preguntas qué está sucediendo, por primera vez estás experimentando el llanto del ganador, aquellas lágrimas que expresan los sacrificios, el precio que pagaste, los fracasos, cuando todos te abandonaron aun la que dice ser tu familia porque comparte un apellido en común contigo, cuando nadie creyó en ti las veces que no deseabas continuar y seguiste adelante, esta vez es el triunfo el que te hace llorar, lágrimas que solo los ganadores saben reconocer, la gente perdedora las menosprecia porque nunca las han conocido; sigues pensando, esto es normal, por supuesto, es algo nuevo que empiezas a experimentar, el primer logro de muchos logros que comenzaran a surgir en tu vida, por un momento lo asocias con algo que no es felicidad, pero te das cuenta que no tiene ninguna similitud, es gozo en forma de lágrimas, mientras tu interior te susurra lo hemos logrado, lo hemos logrado, llevas tus manos a tu rostro y las piernas pierden su fuerza cayendo de rodillas, por un momento crees estar solo, pero sientes que hay algo a tu alrededor que jamás habías sentido que te había acompañado durante este proceso, sientes que te envuelve un abrazo caluroso el cual no habías sentido durante todo este tiempo, surgen más preguntas, no tienes respuestas, ¿qué sucede?, ¿qué es?, es el amor de Dios que se manifiesta en tus victorias, algo que tampoco conocías y que ahora lo sientes, viene otra pregunta, por qué no sentí esto mismo cuando estaba solo y me sentía abandonado, esta vez no te responde tu voz interior, esta vez la respuesta proviene de tu corazón directamente a tu mente, solo escuchas: siempre estuve contigo, nunca me sentiste porque tu dolor no te permitía que sintieras mi abrazo, cada instante doloroso de tu vida estuve ahí , nunca me he apartado, durante este proceso, dejaste el dolor atrás y te fuiste haciendo mas fuerte emocional y más sensible sentimentalmente, por eso es que no puedes explicar por qué hoy sientes esto que nunca antes habías sentido, no te queda más que levantar las manos y dar gracias a Dios.

Nunca es tarde para levantarse, cualquier instante es el mejor momento para levantarte y empezar a soñar, no pierdas tu tiempo no vale la pena que trates de convencer a quien verdaderamente no cree en ti, simplemente levántate y comienza a luchar por lo que más amas en esta vida, lo que te apasiona, lo que disfrutas hacer, motivos de sobra existen para volverse a levantar, no hay por qué darle gusto a la gente perdedora que cree que por aparentar una vida perfecta, toda la vida lees será así, pueden engañar a todos e inclusive a ellos mismos pero no a Dios, no, a Él jamás podrás engañarlo, sabes que existe una parte en la biblia que fue la que me inspiró a escribir este capítulo, donde un apóstol va al templo donde normalmente la comunidad judía de ese tiempo se congregaba y este discípulo llamado Pedro va acompañado de otro discípulo que al entrar al santuario, se percatan que está un paralítico pidiendo limosna, al ver este discípulo llamado Pedro la necesidad de éste, le pide que lo mire y le dice: no tengo oro ni plata, pero lo que tengo te doy "EN EL NOMBRE DE JESUS LEVANTATE Y ANDA" la biblia dice que al instante este hombre se levantó sobre sus pies dejando, su condición de paralítico, y recuperó la fuerza sobre sus dos extremidades, no sé cuál sea la condición que te tiene en la situación en que te encuentras, pero existe un Dios vivo que fue el que levanto a ese hombre y le dio de nuevo la fuerza sobre sus piernas para que pudiera caminar nuevamente, ese es solo un caso, de muchos milagros que Dios ha realizado, desconozco que fe profeses, pero sé que cuando Dios tiene un propósito en alguien, Él se empeña en buscarte hasta hacerte entender cuanto te ama, como yo tampoco tengo oro, ni plata que darte, pero lo que tengo te doy, en el nombre de Jesús levántate hoy mismo, en este instante de la condición que te tiene así.

Confía en ti

Si aprendes a confiar en ti, quienes te rodean tendrán confianza de acercarse a ti, la confianza es algo que reflejamos a través de la seguridad con la que nos comportamos, esa misma confianza puede ser transmitida a través de nuestra voz, de nuestra actitud corporal, y de otras formas que inconscientemente no nos damos cuenta que trasmitimos a otros, debes de recuperar la confianza en ti mismo si la has perdido, o en el caso contrario tienes exceso de confianza, debes equilibrarla para no parecer una persona arrogante, el exceso de confianza proyecta una imagen de nosotros arrogante, lo que puede chocar con nuestro entorno, ningún extremo en nuestra confianza es bueno, debe existir siempre un equilibrio como en todo, pero es muy importante nuestra confianza, de ahí nace la seguridad para continuar, o la arrogancia que no permite aceptar cuando nos equivocamos. Sanar tu confianza en ti, dependerá muchas veces que te atrevas a tomar riesgos que no estabas muy familiarizado con tomar, supongamos que de pequeño te fracturaste una pierna jugando fútbol soccer, no te da temor jugar nuevamente, pero sí produce una falta de confianza en ti para jugar libremente como lo solías hacer, no has dejado de jugar porque te gusta, sin embargo ya no juegas con la misma libertad que lo hacías por el miedo que provocó en ti esa lección evitando que tengas la misma confianza que tenías antes para jugar lo que limitó tu seguridad para jugar como lo hacías, por ello la mayoría de atletas, en su equipo de trabajo, aparte de contar con un preparador físico, cuentan con un preparador mental, quien es el que los insta para que no pierdan la confianza en ellos ni bajen su rendimiento por falta de seguridad, por ello debes estar consciente que el temor a equivocarte muchas veces se presentará, la única forma de romper la barrera del temor a equivocarte es tomar riesgos en confiar en no equivocarte, en el caso que hayas tomado el riesgo y te hayas equivocado, aprende la lección basada en la experiencia que te dejó esa equivocación, y nuevamente vuélvelo a intentar, la lección aprendida aumentará progresivamente la confianza interna, una vez aprendida la lección sé más precavido, y comienza de nuevo, a medida que vayas aumentando tu confianza aumentarás tu seguridad hasta nivelarlas y convertirte en una persona de una confianza firme de seguridad sólida, cuando me refiero a una confianza firme de seguridad sólida, no me refiero a un exceso de confianza o que te vuelvas una persona confiada, la confianza es la seguridad interna en ti, de que actuarás con cordura y confianza mostrando sensatez en tus decisiones, en lo personal eso considero que es la confianza, el exceso de ella te convierte en una persona pasiva, lo cual no refleja tu potencial para tomar responsabilidades, puesto que no hay una muestra de confianza, por ello es que hay gente que se pasa años en un mismo puesto de trabajo, pensando que por quejarse cambiarán su inconformidad, pero en realidad son diferentes aspectos los que pueden mantener a una persona en un mismo estado y situación, debido a no ser honestos con ellos mismos y ver su condición personal, siempre prefieren criticar o burlarse de quienes se superan como si eso les ayudara a ellos mismos a superarse. Ver casos así es triste y lamentable ya que todos tenemos el derecho a cambiar y darnos las oportunidades que sean con tal de ser mejores, lo que a muchas personas les limita el poder atreverse a cambiar, son tres cosas, se sienten vulnerables, porque piensan que los demás se aprovecharan de ellos, porque no tienen el segundo aspecto que es quienes son, es decir no tienen confianza en ellos, por ello siempre están a la defensiva creyendo que ellos siempre tienen la razón por que solo ellos pueden expresarse libremente, así es como esconden la falta de confianza, y cuando toman decisiones suelen reflejar el tercer aspecto, falta de seguridad, por ello cuando se equivocan suelen siempre culpar a todos, excepto hacerse cargo de su responsabilidad, siempre verán este patrón en ellos culpando, como de niños siempre tuvieron alguien a quien culpar, de adultos van por la vida culpando a todos sin hacerse cargo de sus responsabilidades, estos tres aspectos hacen que una persona carezca de confianza, lo cual no es sano si esta persona piensa o es un pilar en un hogar, si eres empleado, y si todavía vives en la casa de tus padres y te familiarizas con lo que acabas de leer, puedes corregir estos aspectos, antes de salir de la casa de tus padres, si ya eres una persona independiente, comienza con ser honesto contigo mismo, admite en qué áreas tienes uno o los tres aspectos de los cuales hablamos y comienza con pequeños cambios, no trates de correr, sin antes aprender a caminar, te dañarás sin necesidad, el mejor aprendizaje es con ejercicios pequeños. La autoconfianza como hemos leído comienza internamente para después reflejarse en nuestra seguridad personal, esta seguridad personal es la que en ocasiones destaca a unas personas de otras personas, en ocasiones estas personas que suelen destacarse mejor, son oportunistas ya que lo único que han logrado es reflejar mayor confianza en su seguridad personal, tu podrás ser muy capacitado, inteligente, con habilidades únicas, si no aprendes a desarrollar confianza en ti mismo, la seguridad con la que puedes estar desenvolviéndote en tu entorno, puede que sea el factor por el cual no estés destacándote correctamente, eso se puede ver por la manera tímida que expresas tus ideas, e inclusive tu forma de vestir puede reflejar la falta de seguridad en ti, recordemos que todo lo que reflejamos externamente, es producto de cómo nos visualizamos mentalmente, si tu mente no ha formado una seguridad interna, será imposible que puedas reflejar confianza, si no desarrollas confianza en ti mismo, cómo podrán los demás confiar en ti, si tu seguridad no está firme. Quieres sentirte mejor contigo mismo, sin dañar a quienes te rodean, confía en ti, ¿cómo?, aceptándote tal y como eres, no hay nadie quien se conozca mejor que nosotros mismos, por ello aceptarte tal y como eres nutrirá tu confianza y aumentará el rendimiento de tus habilidades hasta un cien por ciento, acepta que no todo en la vida tiene que ser como tú quieres, aprende algo sumamente importante que no eres perfecto.

No esperes a ser perfecto, mucho menos creas que lo eres.

La ventaja de ser conscientes de no ser perfectos, es disfrutar de cada nuevo descubrimiento que hacemos de nosotros, entender que tenemos derecho a equivocarnos, recordando que eso nunca justificara nuestras actitudes y nuestras reacciones ante cada equivocación, así como podemos equivocarnos, podemos también aprender, mejorando constantemente, ¿por qué?, porque la ventaja como ya lo he dicho de no ser perfecto es que conforme te superas, tus debilidades, los hábitos con los que luchas a diario, perderán a diario fuerza, las limitaciones que antes eran un problema para ti trabajaran a tu favor. No ser perfecto, no tiene nada que ver con ser irresponsable, muchos excusan su falta de responsabilidad, con esta frase, "no soy perfecto", el no ser perfecto no te hace perder responsabilidad, todo lo contrario, te hace más responsable, ya que conoces que como no eres perfecto debes ser más cuidadoso en lo que haces en general, en cada aspecto de tu vida, cometerás errores pero sabrás cómo reaccionar ante ellos e incluso podrás corregirlos, cada uno de nosotros conocemos nuestras propias debilidades, ahí probamos que no son perfectos, supongamos que tu debilidad es el alcohol, sabes que el exceso de bebidas con alcohol pueden provocar enfermedades mortales en ti, decides alejarte de todo lo que puede incitarte a tomar bebidas alcohólicas, un día te ves en una reunión donde desconocías que iban a haber bebidas alcohólicas, te dejas llevar por el ambiente de la fiesta y cometes el error de beber, ahora ya cometiste el error, bebiste, ahora depende de ti recuperar el control sobre tus decisiones, corrigiendo el error poniendo un límite o dejarte llevar por el impulso sugestivo del ambiente en que estas convirtiendo un error en algo catastrófico, de manera que la fiesta de un día la convertiste en fiesta de toda la vida, haciéndote un alcohólico empedernido que justifica su debilidad, con tres frases muy singulares, una es la que ya mencione al inicio "no soy perfecto", la segunda "así soy, esta es mi vida" y la tercera la más melancólica que creen que sana su enfermedad, "esta es la vida que me tocó vivir", que muestra de desdicha interna por ellos mismos, así es como justifican sus errores, lamentablemente esta enfermedad como otras igual de nocivas, como el tabaco, las drogas, la pornografía, lo primero que afectan es la fuerza de voluntad a través de la sensación de placer que desencadena cualquier adicción, nuestro cerebro no reconoce entre lo que es bueno o malo, ya que solo es sensorial, es decir, capta de manera emocional, si percibe que algo es de tu agrado, despertando una sensación emocional en ti, el cerebro recibirá esa información como aceptable para ti, cada vez que tu cerebro identifique un estado similar al que sentías cada vez que percibía placer, automáticamente buscara esa información y arrojara pensamlentos que indiquen al cuerpo la necesidad de esa sensación placentera.

Por ello como sabemos que no somos perfectos, debemos cuidar más cada decisión que tomamos, esto como ya hemos leído no nos desliga de ninguna responsabilidad, entendemos por el contrario que nos hace más responsables de cada decisión que tomamos a diario, la vida nunca se nos dijo que sería fácil, sin embargo podemos disfrutar de ella con plena libertad, hay tantas cosas que nos ofrece la vida por conocer y vivir que lo último que puedes llegar a pensar es en placeres nocivos momentáneos, el mismo placer que te puede despertar esa misma sensación de satisfacción en tu mente, lo puedas creer o no, cada pequeña meta que te propones a corto plazo y la logras, de hecho no solo experimentarás placer satisfactorio momentáneo en ti, aun mas internamente esa satisfacción será duradera y permanecerá en tu memoria, aunque no es fácil contrarrestar una adición si es posible, necesitarás poner todo tu empeño y una fuerza de voluntad sólida, para lograrlo, pero lo puedes lograr, muchas veces te verás tentando por tus pensamientos a recurrir nuevamente a administrarte lo que hace que tu cerebro sienta satisfacción y placer, es ahí donde tienes que luchar junto con tu fortaleza de voluntad, tu mente como no entiende que lo que estás tratando de rechazar, porque esa información aún sigue latente a cada emoción que despertaba en ti la ansiedad por la adición con la que luchas, asimilándola así por tu parte lógica mental que es la que razona y entiende lo que tu aceptas o no, hacerle entender a tu parte lógica mental que lo deseas rechazar, no es fácil ya que ella lo puede entender, lo que tienes que trabajar es tu parte subconsciente, la misma información que despierta en ti la ansiedad, debe ser modificada por esta nueva información que deseas que tu subconsciente sustituya, ¿cómo puedes sustituir esa información?, existen dos formas, la primera es a través de ejercicios mentales, como la sugestión mental por medio de relajación y la otra por fuerza de voluntad, ambas requieren de un proceso, como también de un compromiso, de nada te sirve tener fuerza de voluntad, sugestionar tu mente, si no te comprometes contigo mismo, a pasar el proceso de regeneración mental, por ello es que la mayoría de personas que padecen de una enfermedad adictiva, no llegan a recuperarse , y los que luchan con su fuerza de voluntad y se recuperan, siempre se ven luchando con ansiedades, es porque aun su subconsciente no ha regenerado la información que despierta la ansiedad, pueden pasar toda la vida luchando con la ansiedad, sin saber que toda esa ansiedad solo era producto de una información que nunca fue sustituida. No estoy proponiendo de ninguna manera una forma nueva de rehabilitar a personas con problemas adictivos, esto es muy conocido, la razón que muchas veces no tenemos esta información es porque la mayoría se enfoca en superación personal, considero que también el saber cómo confrontar, la ansiedad de una adicción, ayuda a las personas a superarse, ya que la libertad interna desarrolla en las personas la fuerza necesaria para lograr sus objetivos, no me considero un experto en la materia, pero mi deseo es contribuir de alguna manera a una mejora en cada persona que pueda leer este contenido, ya que he visto cuantas personas con gran talento y una inteligencia singular se ven frustradas por algún tipo de adicción, si has notado en este punto del libro se titula no esperes con ser perfecto, lo titulé de esta manera porque pensé que cualquiera de nosotros podría tener alguna lucha interna, los más afectados considero siempre son los que ya han hecho de su debilidad una adicción, convirtiéndolo en un hábito autodestructivo en sus vidas, por eso es que considero que no somos perfectos, si piensas que por no tener ninguna de estas debilidades no te hace una persona imperfecta, quizá batalles con el chisme, las mentiras, la infidelidad, en fin un sin número de errores y debilidades que nos hacen personas totalmente imperfectas, es ahí donde tenemos que tomar conciencia de lo vulnerables que podemos llegar a ser, y tomar mayor conciencia en lo que hacemos, tomando mayor responsabilidad de nuestros actos, de cada decisión que tomemos, siempre dispuestos a mejorar constantemente, que por eso gracias a Dios, nos permite tener vida, para comenzar cada día mejorándonos a nosotros mismos, las ganas de superarte a ti despertará en otros menos afortunados, ese mismo espíritu de lucha, no sabes tú, si eres esa inspiración para otros que los está motivando a cambiar, los héroes que hoy en día conocemos o personas a quienes admiramos no nacieron siendo famosas, un día su inconformidad personal los movió a tomar acciones que poco a poco los transformó en hombres y mujeres de cambio, fuentes de inspiración para generaciones futuras, Dios siempre levantará hombres y mujeres con el deseo en su corazón de cambiar su presente en un futuro brillante, la decisión es nuestra, Dios jamás obligará a nadie a ser feliz, para ello nos dio la libertad de elección, no culpes a Dios por tu situación, el menos culpable es Él, jamás Dios ha jugado a los humanos con nosotros, la razón por la que existe el dolor es porque el ser humano se ha enaltecido de sí mismo y se ha olvidado que existe aún alguien mayor que él, no existe forma de conocer el amor si no sabes distinguir el dolor.

Si no te amas a ti mismo no puedes amar a nadie más

Cómo puedes saber si verdaderamente amas a alguien, si tú mismo no sabes que es amar, tema muy complejo al que trataré de desarrollar lo mejor posible, por principio esta palabra amar a estas alturas en el tiempo en que vivimos se ha ido sacando de contexto de su verdadero significado, el poder mental que ejerce esta palabra tan profunda en significado puede hacer que el hombre más fuerte se doblegue como un plástico ante el fuego, hoy se ha vuelto tan cotidiana esta la palabra "amar", se utiliza entre las parejas que recién se conocen con una doble intención, confundiendo el amor por placer u obligación sexual, también se ha utilizado esta palabra para chantajear emocionalmente a quien es débil y carece precisamente de amor propio, en otras ocasiones esta palabra inclusive es utilizada con intención de sacar ventaja de otras personas e inclusive entre familiares.

¿Por qué entonces el amor siendo una fuerza tan poderosa, no es tan valorada?, precisamente porque la mayoría carece de amor, y aquí me meto en el primer problema, dije la mayoría, sí lamento decirte que sí, el hecho que tengas una interpretación del amor, no quiere decir que sepas amar, y eso es lo que estoy tratando de desarrollar en este tema, que te des cuenta si verdaderamente tienes una perspectiva correcta del amor o solo una alusión de ella, de hecho para serte honesto yo mismo me di cuenta de muchas mal interpretaciones acerca de lo que concebía en mi mente con amor, al final de este punto podrás conocer la fuente de donde saqué esta conclusión que hoy comparto contigo, la razón por la que la mayoría no conoce el amor es por que desconoce dos cosas, número uno la fuente de donde nace el amor, si piensas que proviene del corazón ya estas equivocado ya que no puede tu corazón producir algo que desconoce, recuerda tu mente tiene archivado cada emoción en ti, si no conoce la información del amor cómo puede estar ahí, lo que tu mente interpreta como amor, es solo lo que asimila como una muestra de importancia que refleja protección y aceptación lo cual tú razonas como amor, ya que ambas son un sentido natural en el ser humano, proteges por instinto y aceptas lo que razonas favorable, concluyes que eso es una muestra de amor, lo cual es peligroso pero eso lo veremos más tarde, en el capítulo anterior hablamos de unas independencia conjunta con nuestra dependencia de Dios, bueno es ahí donde esta dependencia de Dios, revela la fuente de amor, existen varias pruebas de ello, la primera prueba es la biblia, la biblia dice que: Dios es amor (1ra de Juan 4;8), la segunda prueba que también habla la biblia dice que de tal manera amo Dios al mundo que ha dado su hijo unigénito, para que todo aquel que en el creé no se pierda más tenga vida eterna, (Juan 3:16), la tercer prueba irrefutable es ésta que si Dios no nos amara por qué habría de haber enviado a morir a su único hijo sin tener necesidad de hacerlo, puesto que Él es Dios, y fuera de Él nada existe, no hay dios mayor que Él, entonces si la muestra del amor de Dios hacia la humanidad es abnegado, quiere decir que la única forma de conocer el verdadero amor, solamente puede provenir de quien nos amó primero, no amamos a Dios porque necesita de nuestro amor, amamos a Dios porque Él fue quien nos amó desde el inicio, sin importar quienes fuéramos, para ello nos mostró su amor desinteresado a través de la muerte de su único hijo para que todo aquel que desee recibirlo como un regalo pueda tener acceso a Él, ahora pensaras ok, suena muy bien, muy romántico, demasiado dogmático para solamente decirme que debo conocer a Dios, para conocer el amor, no solamente conocerlo, más allá de eso, entender su significado, el valor de amar, lo que representa y engloba el amor, el amor no es eso que la mayoría considera como tal, confundir el amor, con sus atributos es una mala interpretación, que ha generado muchísima confusión, el amor es tan inmenso, tanto en sus atributos, como en sus frutos y eso es lo que causa asombro para quienes no lo conocen, o piensan que lo conocen, solamente el amor verdadero puede ser revelado al ser humano a través de su creador de otra forma es un riesgo para ti y quienes te rodean recibir el amor que tu consideras que es amor.

Por qué menciono como peligroso, aquí entro al segundo problema, el riesgo de tener una mala interpretación de amor puede causar heridas profundas e irreparables a quienes consideras amar, puedes confundir que amas porque eres una persona proveedora, confundes amar con tus obligaciones, puedes decir que amas porque eres detallista, confundes amor con ser una persona atenta, dices amar por que no engañas a tu cónyuge, confundes amor con integridad personal, etcétera. Tener un mal concepto del significado de esta palabra puede hacer que saques de contexto todo lo que en verdad es amor, como vimos el amor es abnegado porque Dios fue el ejemplo que nos dio; ¿qué es abnegación?, la abnegación es dar algo sin que la otra persona lo merezca, es decir amas a tu cónyuge no porque un día haga lo que tú quieres y entonces se merece una aprobación de tu amor, no!, amas a tu cónyuge lo merezca o no, simplemente le amas porque entiendes que ella ahora es parte de ti, de tu vida, por eso necesitas mostrarle amor, porque no es ajena a ti es parte de ti negarle amor es no amarte a ti, es olvidarte de una parte fundamental de tu vida; también vimos que el amor es desinteresado, es decir no buscas tu propio beneficio, si no tratas de beneficiar a quien amas porque sabes que si esa persona está bien tu estarás mejor, ya que tu estabilidad emocional estará al cien por ciento, además que sabrás entender a quién amas cuando cometa algún error que te moleste, el amor se sobre pondrá a los errores que pueda cometer quien amas, por ello reitero que necesitamos acudir a la fuente de amor, humanamente es casi imposible ser perfectos en amor, sin embargo una promesa bíblica es que en Dios seremos perfectos, porque su amor es perfecto y sobre pasa todo entendimiento, así es todo entendimiento, que quiere decir la biblia con que sobre pasa todo entendimiento, que humanamente es imposible entender cómo es el amor porque es infinito como Dios mismo, sin embargo lo podemos conocer y experimentar en nosotros y poderlo compartir con quienes nos rodean, sean familiares o conocidos, el amor de Dios es infinito y por lo tanto entero, es decir completa nuestro interior, lo reflejamos a través de nuestros actos, nuestra sonrisa, nuestra manera de expresarnos, en la manera que tratamos con quienes nos encontramos todos los días, porque el amor de Dios no tiene final, se nutre de tu comunión con Él, por ello debemos recurrir a la fuente, no sé si este explicándome correctamente, mi intención es ampliar tu visión de lo importante que es Dios en tu vida para tu desarrollo personal, no solo se trata que saltemos al éxito de la noche a la mañana, eso solamente pasa en buenas películas, la realidad es que si deseamos verdaderamente cambiar nuestro interior por completo, necesitamos renovar y rescatar valores que con el tiempo, las tendencias y las modas se han ido devaluando, hasta perder su valor original entre ellas la que más se ve en crisis es precisamente la mala interpretación de amar. Comienzas amar como ya lo dijimos reconoces la fuente del amor, lo cual amplia tu visión, fluye en tu interior y restaura el amor interno en tu persona, experimentas, el amor propio, es decir, aprendes a amarte, reconocer lo que vales, formas en ti valores, esos valores que formas los proteges a través de tus convicciones que son quienes definen tus pensamientos y por tanto tu personalidad, una persona que considera amarse a sí mismo, debe tener una autoestima sana, nutrida de seguridad y confianza en quién es, lo que te da seguridad, de poder decir que puedes amar libremente, como siempre que una persona se involucra en relaciones emocionales, corres el riesgo de salir dañado, si la otra persona no está emocionalmente estable, o carece de amor propio, se tornan relaciones muy tormentosas, con demasiada fricción sentimental, los celos son un reflejo de falta de seguridad y confianza, lo cual determina que internamente la persona no tiene suficiente amor propio que equilibre sus emociones.

El amor personal que tengamos acerca de nosotros, es el mismo que reflejaremos hacia los demás, podremos crear una apariencia, que en la primera reacción podamos demostrar verdaderamente nuestra condición interna, o podremos ser honestos y verdaderamente transparentes con nosotros mismos, admitiendo la falta de amor que hay internamente, el que admitas esta condición, abre puertas internas a un cambio, ya que reconoces la ausencia consciente de algo que no está, y que necesitas para sentirte completamente bien contigo, tu mente buscará entre sus archivos qué es lo que necesitas y cómo dártelo para cubrir esa necesidad interna, puedes fingir como si verdaderamente no fuese tan importante para ti dejándolo pasar por alto, o puedes tomarlo con seriedad, reflexionando en todo lo que en este tiempo has hecho mal, interpretando que internamente creías estar bien, se requiere mucho valor para reconocer cuándo nuestro interior, requiere de algo, el amor interno no es una opción, tiene que ser una de tus prioridades, ya que es un estado emocional que donde quiera que vayas lo reflejas, y la ausencia de este, no se puede ocultar ni con maquillaje, ni perfume, ni con pretextos, ni mucho menos con excusas, ya que es el brillo en los ojos que destaca a cada persona. Por ello podemos decir que los dos aspectos que al comienzo de desarrollar este punto que mencioné, influyen en una persona para que pueda amarse a sí misma y a su vez pueda amar a los demás, depende número uno del estado de su relación con Dios, como fuente primaria del amor, segunda, para poder amar a otros tenemos que estar emocionalmente sanos internamente, que la mayoría es en esta etapa donde se siente libre de poder demostrar amor, a lo que comprendimos durante el desarrollo de este punto que el verdadero amor es abnegado y desinteresado, jamás buscando su propio beneficio.

La necesidad de aprender a amarnos a nosotros mismos evitará que podamos lastimar a otros, ya que pensaremos más en cómo podemos decirle a alguien las cosas sin llegar a herir sus sentimientos, cuando te amas, aprendes por lo regular a no solo pensar en ti, piensas también en la otra persona, y es donde creas en ti un amor abnegado, porque no estás pensando en tus propios beneficios e intereses, estás pensando en los intereses de la otra personas como en sus beneficios personales, satisfaciéndole sus necesidades te hace sentir bien a lo que estás reflejando el amor propio que tienes en ti, que así como has reconocido tu valor reconoces el valor de la otra persona que posiblemente no sepa su falta de amor, el que reciba de parte de alguien una muestra desinteresada del mismo, le causará al principio cierta desconfianza, porque desconoce qué es lo que provoca en ti poder amarle sin necesidad de nada, esto frecuentemente sucede en relaciones conyugales, donde se pudo haber perdido el respeto, restaurarlo dependerá mucho de estos dos principios, si no acudes a la fuente de amor y sanas tu interior, te será muy difícil llegar a hacerlo por tu propia cuenta.

Si queremos construir relaciones sólidas personales y emocionales, tenemos que tener la consiente importancia, de que a menos que podamos amarnos a nosotros mismos podremos evitar causar daños emocionales a otras personas, más a aquellas que viven cerca de nosotros y forman parte de nuestro hogar, considero personalmente que este valor debe ser conservado, ya que es el que alimenta otros valores dentro de nuestra sociedad, valores que se han ido deteriorando con el paso de los años, algunos no son siquiera tomados en cuenta, otros valores como la virginidad son tomados como asunto de burla entre los adolescentes, el matrimonio hoy en día es simplemente una opción sin mucha importancia entre los jóvenes, otros valores que son nutrientes sociales, fundamentos en la construcción de familias sólidas, la mayoría hoy no piensa en ello porque se han ido olvidando poco a poco, rescatarlo depende de nosotros mismos y también de lo que deseamos que nuestras futuras generaciones vivan.

Ámate tal y como eres, no necesitas ser alguien más, ni pedirle a alguien que opine acerca de ti, si Dios hubiese considerado que necesitabas algo extra en tu cuerpo para que cada vez que te miraras en el espejo te pudieras amar, lo haría, pero Él te creó perfecto, tal y como eres, nosotros nacimos con el propósito de ser complementarios, jamás Dios nos creó con el propósito de ser individuales, si ese hubiese sido su propósito solo hubiera creado a los dos primeros seres humanos, pero al poblar la tierra quiere decir que la humanidad en conjunto tiene un propósito, por ello desconocer que a tu alrededor existen personas con un valor personal igual al tuyo, sin importar su color, su raza étnica o su condición, es no valorarte y amarte a ti mismo, ya que ante Dios todos somos iguales, tanto ricos como pobres, Dios no tiene distinción entre nadie, porque su amor es infinito.

La motivación de personas que marcaron la diferencia durante sus vidas, fue movida la mayoría por el amor a las causas que consideraban justas, defendiéndolas inclusive con su propia vida, cuando existe en ti ese amor interno, abrasará todo lo que en tu interior fluya, lo que haces, tus sueños, tus metas, etcétera. El amor que tienes por ti internamente lo reflejarás en todo, es imposible decir que no vives si respiras, como también puedes respirar, solo por consumir aire, sin sentirte vivo, considera esto por un momento, vives por que no tienes otro remedio, o vives porque amas estar vivo, cual haya sido tu respuesta, debes considerar que todos aunque pasamos momentos difíciles, no debemos considerar de ninguna manera que solo vivimos por vivir, porque niegas el amor de Dios en ti, porque por amor es que hoy tú puedes ver la luz de un nuevo día, gracias a ese amor es que tu corazón palpita porque Dios así lo permite, otorgándole la fuerza necesaria para que pueda bombear a tiempo la sangre que ocupa tu cuerpo para mantenerse con vida, no puedes decidir sobre la vida que Dios te dio, si Él te la dio es porque tiene un propósito contigo, el que lo desconozcas debe de hacerse para ti más significativo vivir, de qué te serviría saber hoy tu propósito, si te daría igual, por ello debemos encontrar nuestro propósito en la vida, existes tantas cosas hermosas que puedes hacer, tantas en las que puedes realizarte; ámate, deja por un momento de pensar qué de bueno tiene todo lo que has hecho, solo permite que sientas ese alivio en tu corazón por tanto daño que has recibido, todos de alguna manera indirecta o directamente, hemos sufrido algún daño que neutralizó el amor hacia nosotros mismos, hoy es un buen día para retomar, lo que necesitas para sentirte pleno contigo mismo, si no tienes la fuerza suficiente para retomarlo, puedes pedirle a Dios que te ayude Él está disponible para ti, de hecho siempre ha deseado que le permitas ayudarte, no solo desea restaurar el amor interno que necesitas recuperar, también desea llevarse todas, absolutamente todas tus cargas, que durante todos estos años pesados en tu vida has cargado, llámese como se llame tu carga, Dios desea que le permitas quitarte ese peso inmenso e innecesario que cargas en el corazón y que no te permite amarte con libertar, por ello es que no puedes demostrar amor a quienes te lo exigen, como tus hijos, como tu cónyuge, como otras personas con necesidad de amor, también necesitas escuchar este mensaje que hoy tú lees y tú puedes ser ese portavoz que encontraste la fuente del amor que no solo transformó tu interior, sino que también te liberó de todas y cada una de las cargas que tenías en tu corazón desencadenando en ti una libertad interna, que produce un amor inexplicable que no conocías, porque nunca habías tomado de la fuente del Dios de amor. Hasta el día de hoy no he conocido persona que sinceramente le haya permitido a Dios hacer un cambio en su vida y no deje de ser la misma, no la conozco, toda persona que se encuentra con el amor de Dios, es irremediable que deje de ser igual, todos necesitamos de ese amor, ese amor que sana relaciones, ese amor que restaura corazones quebrantados por situaciones que solamente puede entender la propia persona, ese amor que restaura relaciones entre padres e hijos, ese amor que borra rencores, ese amor que restablece la armonía entre familiares, ese amor que pasa por alto pequeños y grandes detalles, ese amor que sobre todo sabe perdonar, sin reproches, ese amor que jamás te va avergonzar por tus errores, ese amor que no te señala por que no tuviste la fuerza de voluntad un día para decir no, ese amor que no necesita que le digas lo siento, porque conoce tu corazón, ese amor que desea fervientemente abrazarte en este momento y expresarte de corazón a corazón cuanto estaba esperando este momento para hacerte saber solo una cosa, TE AMO.

Para soñar en grande es necesario mantener los pies en la tierra.

No permitas que tus logros te hagan perder el sentido por el cual te superaste, el día que olvides de dónde vienes y dónde estabas, estarás negando cada pequeño logro que te condujo al lugar donde estas hoy, lo cual representa un peligro mayor en tu vida que los que ya hayas confrontado, el arma más autodestructiva en una persona es el orgullo, la altanería y la estima elevada, estar consciente de lo que fuiste y ahora eres, o llegarás a ser, te puede crear una confusión de estima elevada, corriendo el riesgo de convertirte en una persona orgullosa, altiva y pedante, provocando que lo que habías logrado y llegado a construir en tu persona se derrumbe por no tener cuidado a estos peligros, tener una percepción sana de tu estima genera confianza en ti al tomar decisiones, alimentando tu autoestima. Superarnos constantemente creo que es lo mejor que podemos hacer con respecto a mejorar nuestras habilidades y nuestras cualidades, entre mayores retos nos propongamos, mayor es el desarrollo y beneficio personal que obtendremos, con ello también aumenta otra serie de responsabilidades que acompañan nuestro crecimiento personal, es el trato con las demás personas, todas y cada una de las personas que nos rodean, son testigos de nuestros cambios progresivos ya sean positivos o negativos, ellos son testigos verdaderos de los cambios que reflejamos. Pudiste haber salido de un contexto sumamente pobre, durante el tiempo que vivías en ese contexto, aunque no tenías aparentemente nada, tenías amigos, familiares y una familia, cuando decidiste cruzar la frontera del cambio personal, tu vida comenzó a transformarse, al grado de que te convertiste en una persona emprendedora que supo cómo cambiar sus circunstancias por una situación mejor, pudiste brindarle una mejor estabilidad económica a tu familia, pudiste adquirir cosas de tu agrado, en fin, con ello fuiste poco a poco alimentando tu egocentrismo de ver que cada esfuerzo tuyo había valido la pena, tu estima no solamente sanó, ahora ves a las personas por encima del hombro, tu estima de ser un estima sano ahora es un estima elevado, no te gusta recordar de donde saliste, porque ahora tu arrogancia te hace avergonzarte de quien eras, lo que debería ser para ti algo de mucho significado ahora tu arrogancia lo hace ver como una afrenta, niegas tus raíces por tu altanería, tu familia, en vez de sentirse orgulloso de ti, se aleja porque desconocen a la persona que eras antes de convertirte en el monstruo emocional que ahora eres, cual fue la razón de todo esto, solo una se te olvidó por alguna razón, quien fuiste y quien eres hoy, no está mal rodearnos de comodidades siempre que las disfrutemos y mantengamos nuestro equilibrio mental que las comodidades no nos hicieron quienes somos, las comodidades solo son una recompensa obtenida por el esfuerzo previo que hicimos, la ropa no te hace mejor o peor persona, es solo ropa, lo que hace a una persona distinguida, son sus convicciones, los valores que defiende, eso hace a una persona, cualquiera puede vestir caro, saber vestir es muy diferente, no toda ropa cara se ve bien, ni tampoco todo el que se pone ropa cara le queda bien, todo de acuerdo a nuestra personalidad y gusto propio, el problema de cuando hablamos de soñar en grande es que la mayoría piensa en la recompensa y no en el proceso de la recompensa que es el trabajar por cumplir los grandes sueños, no trabajas por las comodidades o los lujos que reflejan la recompensa de tu esfuerzo, trabajas porque tienes una meta en tu vida, porque te has trazado un objetivo que necesitas cumplir, porque te comprometes a diario contigo mismo por superar tus limitaciones, sueñas en grande, no por manejar autos de lujo, si no por que deseas brindarle mejor estabilidad a tu esposa y a tu hijos a quienes amas, ellos son la gasolina de tu motor diario que te impulsa todos los días a levantarte y salir a dar lo mejor de ti, cuando menos lo piensas te ves rodeado de esas comodidades, las recompensas empiezan a surgir, estar consciente de que el brillo de las recompensas no te hace cambiar tu personalidad, porque solo es eso, la recompensa de todo tu esfuerzo.

Todo ganador sabe que las victorias no se celebran antes de la línea de meta, si no después de cruzar la línea de meta, una vez obtenida la victoria; pero todo comienza con un sueño, como vives el sueño de tu vida es cómo vas a terminar tu carrera, el sueño que tengas por realizar, puedes llegarlo a cumplir de acuerdo a la perspectiva que tengas sobre ti y no sobre el contexto del que te veas rodeado, un hogar pobre no tiene por qué determinar tus sueños, un divorcio, no tiene que determinar tu realización como hombre o mujer, (antes de volverte a comprometer analiza si haz restaurado las áreas de tu vida que provocaron que te hayas divorciado, permitiendo que aprendieras de tus errores para que no vuelvas a cometerlos y no te vaya a causar un divorcio mas), la falta de recursos no tiene por qué limitarte a alcanzar tus sueños, metas y objetivos, siempre he pensado que las personas que no logran cumplir sus sueños es porque encuentran a su alrededor toda serie de excusas para no comenzar a cumplirlos, soñar con lograr hacer algo, no determina que lo puedas lograr, puedes soñar con ser el presidente de tu país, pero si no te preparas, no te esfuerzas por sacar buenas calificaciones, no luchas contra tus limitaciones, solo quedará en un sueño que no verás nunca cumplir, no porque no tuviste la oportunidad, claro, si estas confundiendo oportunidad con haber nacido en un contexto de vida más cómoda, las oportunidades no se determinan por las comodidades o las facilidades que una persona pueda llegar a tener, si pensabas que eso hacía mas fácil a una persona lograr sus sueños, creo que tienes un mal concepto de lo que son las oportunidades, oportunidades siempre podemos tener, lo que se necesita, es la determinación de comenzar a luchar por lograr tus sueños y cumplir cada meta u objetivo que te propongas a fin de lograr el sueño por el cual te estas esforzando, cumplir el propósito en tu vida se relaciona mucho con lo que sueñas, puedes cumplir tu sueño y paralelamente cumplir tu propósito en la vida, ya que si estás luchando por cumplir tu sueño posiblemente estás cumpliendo tu propósito y no te habías percatado de eso, si no tuviste la oportunidad de estudiar porque las situaciones en tu vida no te lo permitieron, no tienes por qué limitarte a soñar, con ello llegará también lo que necesites aprender, por supuesto que si puedes tener acceso a obtener una formación académica aprovéchala, pero que no sea

lo que defina tu capacidad o tus habilidades, existen
buenos estudiantes que se gradúan con honores que
son excelentes empleados, y dueños de empresas con
menos preparación académica que les pagan por su
conocimiento, la diferencia entre ambos es que uno
goza de la libertad de su tiempo por el estudiante
que es excelente empleado que vive de la paga de
un salario que le da seguridad, como los estudios se
lo dieron en el tiempo cuando fue estudiante, como
también existen buenos obreros que no tuvieron una
formación académica, que también viven por un salario
que reciben por el trabajo que desempeñan, lo que
trato decir es que no tiene por qué ser una limitación
para quienes tuvieron o no una formación académica,
no puedes vivir una vida atada a pensamientos de
inseguridad de lo que puedes lograr con tus habilidades,
el sueño o los sueños que tengas tiene que ver con cada
habilidad que desarrolles, porque allí está el propósito
por el cual naciste, el que tengas un oído afinado no
fue solamente para que escuches lo que los demás
dicen de ti, o para que atiendas mejor los chismes,
ese oído puede ser que te saque del contexto en el
que te encuentres, y no porque lo vayas a vender en
el mercado negro por una cierta cantidad de dinero,
sino porque puedes mejorar la afinidad de tu oído y
puedes convertirte en un excelente músico, ya que
puedes distinguir entre ritmos, lo cual es algo natural
en ti, entendamos que no es tu sueño ser músico, pero
te animas porque has notado esta habilidad a través
de tu oído, quizá tu sueño es ser presidente de una
empresa, comienzas sacándole beneficio a tu nueva
habilidad que acabas de descubrir y has a prendido

a desarrollarla, con el tiempo te vas haciendo mejor y mejor, hasta convertirte en un profesional, no desistes, continúas, te preparas más, buscas cómo formarte académicamente con gente mejor preparada que tú, que te enseñaran cosas que desconoces y que son necesarias para seguir desarrollando tu potencial, hasta convertirte en todo un experto, lo cual te acredita como una persona no solamente con una habilidad, sino con mayor capacidad para componer música, poco a poco vas ganando reputación y con ello el reconocimiento de tus habilidades para la música, al grado de que la demanda de tus habilidades abre una oportunidad para que puedas trasladarte de una posición de empleado a ser el presidente de tu propia compañía musical, comenzaste con el oído y terminaste por cumplir tu sueño de ser el presidente de una compañía, lo que no sabías era que el oído iba a ser usado para que pudieras cumplir un propósito y alcanzaras tu sueño, así Dios me ha permitido la fortuna de conocer personas con unas habilidades asombrosas, pero las menosprecian porque no le dan el valor suficiente, cometen el error de compararse con otros, conformándose a vivir esclavizados con un salario que les permite vivir al día, lo cual no está nada mal, lo malo está en que se conformaron y se les fue la vida hoy tienen sesenta, setenta y cinco años, viviendo de recuerdos que solo son memorias olvidadas en su subconsciente.

No pierdas el tiempo para pensar en qué hacer, pon todo lo necesario para lograr tu sueño, si está en tu mente y en tu corazón, lo puedes lograr, porque no hay cosa que la mente del ser humano pueda concebir que no pueda realizar, todo absolutamente todo lo que Dios pone en la mente y en el corazón del hombre es porque es posible realizarlo, dije que es posible realizarlo, nunca dije que sería fácil, para ello se requiere carácter, aclaro la duda, carácter es la formación de nuestra persona, no es el temperamento, el temperamento es reflejo de tus emociones, por ello se necesita un carácter firme y un temperamento sólido para poder lograr tus sueños, si estás pensando que se necesita tener formado el carácter y el temperamento, antes de cumplir tus sueños, la respuesta es que tanto tu carácter, como tu temperamento se van formando conforme el proceso en el que cumples tu sueño, es por eso que el mayor obstáculo de cumplir nuestros sueños, no es ni el contexto de dónde venimos, ni tampoco la comodidad, no tiene nada que ver con dinero, se trata solo de nosotros mismo, el mayor obstáculo que tenemos que vencer es a nosotros mismos, los únicos que podemos detenernos o seguir adelante somos nosotros y nadie más tiene el poder de influir en nosotros más el que permitamos propiamente que influya en nuestra mente, de ahí no tiene por qué existir algo que desee frenarte, la voluntad y el propósito de Dios es que cada uno de nosotros nos realicemos y conozcamos a fondo el potencial que Él nos regaló, con el que nos formó, el reto y la aventura tan emocionante, es descubrirlo y desarrollarlo durante nuestra vida, eso me emociona saber que existen áreas en mi vida llenas de potencial, esperando a ser descubiertas, ¿cómo las descubrimos?, conforme vamos creciendo y con ello crecen los retos, las responsabilidades, todo lo que demande de nosotros una actitud conjunta con una demanda personal de respuesta ante cada circunstancia, así es como desarrollamos el potencial para llegar a donde cada uno tiene que llegar, el solo hecho de saber que nuestra vida está llena de aventura me hace ser agradecido con Dios por permitirme vivir para gozar de esta aventura llamada vida, la responsabilidad que tenemos sobre nuestra vida no es solo cuidarla, sino desarrollarnos hasta el último día que respiremos, entonces habremos de cumplir con nuestra responsabilidad, mientras tanto sigamos aprendiendo y disfrutando de cada desafío que nos presenta la vida, al fin debemos tener la certeza que antes de que naciéramos ya éramos campeones, entre miles y millones de espermatozoides que corrían al ovulo de tu madre, tu ganaste y te engendraste porque así lo deseaba Dios, darte la oportunidad de vivir porque demostraste tener la fuerza biológica para ganarte el derecho a vivir, ahora que vives y respiras debes mantener presente que eres todo un ganador, si lo quieres creer o no eso depende de ti, en lo que creas es en lo que te convertirás, no pierdas tu tiempo en pensar en lo que está en tu contra, piensa todo lo que tienes a tu favor, empezando por la vida y la salud que tengas, seguido de una actitud positiva, solo necesitas enfocar tu sueño y poner todo el tiempo de vida que tienes para luchar, trabajar y esforzarte por él.

¿Y AHORA QUÉ?
LEVÁNTATE
Y ANDA

CAPITULO .05

ANDA

CAPÍTULO 5

ANDA

Una Buena aptitud, refleja en ti el ganador que eres

U na aptitud ganadora es el complemento de tu motivación interna, te ayudará a que no te dejes llevar por lo que ves ni por lo que escuchas sino por lo que logras, la mayoría de la gente que fracasa, vive rodeada de emociones desequilibradas y de buenas intenciones; puede ver como se le está yendo la vida frente a sus ojos y no hacer nada, ¿por qué?, porque lo que lo mueve es una emoción temporal que despierta la intención de una acción; si no existe una aptitud positiva, no puede generar el cerebro una voluntad que determine la decisión de actuar. ¿Qué aptitudes muestras donde te encuentras?, en tu trabajo se puede decir que eres alguien que desempeña con entusiasmo tus labores, ¿tu esposa puede decir que es agradable tenerte en casa?, ¿tus hijos pueden decir que es re confortable sentirte cerca?, o tus aptitudes chocantes te hacen siempre ver los defectos de todos, menos sus virtudes, cualquiera que sea el caso, tú decides si continuar con las aptitudes que te causan infelicidad, o renovar tus actitudes por nuevas.

A que me refiero con actitudes, para evitar una confusión podemos definir aptitud como: la capacidad que muestra una buena disposición para ejercer o desempeñar una determinada tarea, muy parecido a una actitud, la diferencia entre ambas es que la aptitud se refleja en tu desempeño y la actitud se muestra en tus acciones, combinadas hacen un terrible mal en tu persona, porque proyectan de ti una personalidad negativa e irritante, posiblemente no lo seas pero el solo hecho de no tener las actitudes correctas hacia los demás o no mostrar la actitud correcta te puede causar un problema innecesario; ¿cómo puedes cambiar las actitudes negativas por nuevas?, hemos leído a lo largo de este libro que todo se encuentra en la bodega de nuestro subconsciente, como una actitud también es parte de tus pensamientos ya que solo es reflejo de algo que te desagrada hacer, ese pensamiento lo transmite tu cerebro a través de tu cuerpo, haciendo notar que no es nada de tu agrado lo que haces, para evitar este tipo de reacciones, lo que debes hacer es como ya lo hemos mencionado, analizar tus pensamientos a modo que puedas sustituirlos por nuevos pensamientos que reemplace lo que no deseas sentir, sé que existen cosas que nos desagradan y que no deseamos hacer, en vez de pensar en lo que es desagradable, tómalo como parte de un ejercicio para dominar tus pensamientos y tus emociones, evitando actitudes negativas, conforme más hagas cosas que no te guste hacer, vas a dominar tus emociones y tus reacciones, creo que es una buena manera de sacarle provecho a algo que no te guste hacer, siempre piensa que habrá ocasiones que tengas que hacer algo que no te agrada, intenta hacer bien y rápido lo que no te gusta, es decir, si no te gusta barrer piensa que entre más pronto lo hagas bien hecho, podrás continuar haciendo lo que te gusta, siembra una buena actitud en lo que haces y cosecharas un buen resultado

Sé el mejor para ti, aunque los demás piensen lo contrario.

Complacer a todos es imposible, siempre habrá alguien que esté en desacuerdo contigo en algo, por mínimo que sea siempre alguien estará en desacuerdo, muchas veces no te lo van a decir verbalmente, sino mentalmente estarán en desacuerdo contigo, no todos los que asientan con la cabeza su acuerdo, estarán siendo sinceros, muchos de hecho lo van a comentar a tus espaldas, y debes estar consciente de esto, lo que más importa es que tú mismo o tu misma te sientes conforme y satisfecho de lo que has hecho, siempre que te hayas asegurado haber dado tu mejor y mayor esfuerzo, eso implicará que te critiquen, en ocasiones te vas a ver sentado en el banquillo de los acusados y serás juzgado, pero no tienes por qué sentirte mal, ni mucho menos sentir una falta de valor, de inicio sentir una falta de valor por terceros es un error, el valor no depende de nadie más que solo de ti, del valor que tú te das y que reconoces que tienes, críticas siempre va a haber, la crítica destructiva es la admiración que hacen los que no cumplen sus sueños, las personas mediocres que prefieren gastar el tiempo en hacer críticas destructivas que invertirlo en sus vidas, qué manera de malgastar su vida, aunque esto suena a crítica a todos ellos, la verdad que es una vida malgastada, siempre he considerado que si una persona no sabe en qué gastar la vida, se meta al ejercito de su país, por lo menos ahí morirá por una causa justa hasta cierto punto, no estoy muy a favor de la violencia, pero digo en vez de malgastar la vida, mejor invertirla en algo que produzca un beneficio por lo menos a su país.

Nunca hagas algo por agradar a los demás, siempre has lo mejor que puedas, sintiéndote satisfecho por cada esfuerzo que hagas, aunque eso implique que los demás no estén siempre de acuerdo, ya que cada quien tiene una perspectiva diferente de lo que es un esfuerzo, sé exigente contigo mismo, para que los demás no te exijan, si piensas que eres exigente contigo mismo y los demás te siguen exigiendo, tal vez no estas exigiéndote lo suficiente como para proyectar excelencia en lo que estas haciendo, la excelencia en lo que emprendas, lo sentirás dentro de ti mismo, sabrás cuando hayas dado hasta la última gota de lo mejor de ti, y esa tiene que ser tu mayor satisfacción, nunca pienses que todo lo que hagas tiene que ser reconocido, eso es una falsa motivación, no debes dejarte engañar por ese tipo de falsas emociones, eso lo único que provocara es dañar tus sentimientos, la motivación principal que te mueve hacer las cosas tienen que ser porque te satisface y te hace sentir bien contigo mismo, no por otro tipo de falsas motivaciones que lo único que van a provocar es dañar tus sentimientos y es lo que tienes que cuidar no dañarte a ti mismo, considera siempre que la única manera de que otros puedan ver o apreciar lo que haces es cuando tu mismos sabes que pusiste todo tu empeño por hacer las cosas conforme a tus recursos, tus habilidades y que en ello pusiste excelencia en cada cosa que hiciste, sin esperar ser reconocido, y entonces podrás percatarte que los demás empezaran a valorar lo que haces por muy mínimo que hagas cualquier cosa, porque sabrán que haces las cosas, exigiéndote lo mejor de ti, inevitablemente las personas reconocerán tu trabajo, date cuenta que antes de que puedas obtener un reconocimiento tienes que demostrarte a ti mismo de lo que eres capaz de dar, repito, no por complacer a nadie más, sino por la satisfacción de tus esfuerzos de excelencia en lo que haces, y entonces los merito a tu trabajo llegaran de manera automática, nunca trabajes pensando en qué destacar, piensa siempre en lo que sabes hacer mejor, quien destaca siempre es quien sabe hacer algo con excelencia, los que buscan solamente destacar o resaltar por lo general siempre sufren de altibajos emocionales, porque dependen siempre de lo que los demás opinen de su trabajo, aunque es necesario saber qué opinan los demás no es vital para que tú te sientas satisfecho, un pastelero no dejará de hacer pasteles porque tu pienses que los pasteles son demasiado cremosos, él seguirá haciendo pasteles porque le gusta hacer pasteles y le satisface saber que tanto como él disfruta hacer un pastel, hay alguien que también disfruta comérselo, pero así como hay quienes no; por ello todo esfuerzo y desempeño que hagas hazlo comprometido contigo mismo, que los resultados sean primeramente excelentes en tu opinión y quienes opinen lo contrario, escúchalos más no permitas que influyan en tus emociones, ni en tus sentimientos, puedes descubrir en una crítica la mejora en tu desempeño, tú mismo sabrás reconocer una crítica constructiva, ante una destructiva, hace un momento hablé acerca de la gente que critica, la crítica constructiva a diferencia de la destructiva, te permite siempre tener diferentes ángulos de un mismo punto, una obra de arte de un gran pintor puede tener un solo significado englobado en un idea a través de una pintura, sin embargo para el exterior puede tener muchas interpretaciones más que solamente una pintura, muchos la criticaran destructivamente, la mayoría de ellos pueden ser pintores frustrados, por otro lado habrán quienes criticarán constructivamente, serán aquellos que dan una opinión sin la intención de menospreciar el trabajo de quien lo hace, respetando el talento y las habilidades de las personas, esto suma a tu desarrollo, si sabes cómo tomar e interpretar la crítica, sin involucrar tus emociones, ni tus sentimientos, tienes que ser totalmente neutral, pensando en el punto de vista de quien te lo está diciendo sin dejar de defender tu propio punto de vista, el saber escuchar, no necesariamente especifica que estés de acuerdo con lo que escuchas o con a quien escuchas. Escuchas porque todas las personas merecen un respeto y una atención, el tiempo que le dediques a una persona para escucharla, determina el valor de importancia que le das a la persona, tú mismo puedes concluir que si lo que estas escuchando te está dejando algo que puedas seguir desarrollándote, o simplemente estás como espectador escuchando a alguien que solo está hablando sin aportar algo a tu vida. Tu meta siempre debe ser superarte a ti mismo, con quien tienes que competir es con tus propias limitaciones, a la única persona a quien tienes que demostrarte de lo que estas hecho es a ti mismo, los demás solo es cuestión de que aprendas a sobre llevarlo, nunca vas a ser el mejor para quienes te rodean, ya que siempre tendrán algo que criticar de ti, el día en que comiences a recibir reconocimiento a lo que haces, será porque te habrás exigido lo suficiente al grado de hacer tu trabajo con excelencia, recuerda, nunca pienses en ser el mejor, si piensas en agradar a los demás, debes de ser el mejor para ti, aunque los demás piensen lo contrario. Para llegar a ser el mejor, se requiere disciplina constante en todo lo que hagas, dar lo mejor de ti y posiblemente más, a los ganadores siempre se les exige más de lo que piensan que pueden dar, nunca es suficiente para un ganador, un ganador nunca se conformara con ser el segundo lugar, siempre buscará ser el primer lugar, no existen las excusas, ni tampoco los pretextos, toda persona que aspira ser siempre la mejor, tiene una insatisfacción de conformidad, siempre está en busca de nuevos objetivos que pueda lograr. Aprende a sacar el máximo provecho a tus habilidades, nadie mejor que tú, sabe para qué eres bueno, el saberlo no te hace superior a nadie, todos tenemos diferentes tipos de habilidades, por ello es bueno que las descubras y les saques el mejor rendimiento y el mayor provecho a todas ellas, debes de explotarlas al máximo.

Toma Acción

Si esperas, que alguien te tome de la mano, para comenzar a avanzar, posiblemente eso nunca te suceda si tu primero no haces los esfuerzos necesarios para avanzar, tomar acción, es ser determinante en tus decisiones, correrás riesgos a equivocarte, si sucede así, date la oportunidad de aprender, lo importante es que comiences por tomar acción, cometer errores es parte de avanzar, siempre y cuando aprendas de esas equivocaciones, cada peldaño que avances en una área de tu vida será determinada siempre por la o las acciones que tomes, los cambios, no suceden mágicamente, tenemos que tomar acción para que sucedan, hemos vistos que tomar decisiones es la parte determinante para que ocurra un cambio, la acción es la que debe acompañar esa decisión que has tomado, no confundas buenas intenciones por hacer un cambio, por una acción determinada. La acción determinada, es mantener la decisión que has tomado como parte de tus valores, sabes que renunciar o dar marcha atrás a la decisión que ya tomaste, no te ayudará a cumplir todos tus cometidos que te comprometiste a cumplir, de ello depende qué tan decidido estás a lograrlo, la razón que muchas veces las personas no muestran cambios en su vida cuando desean cambiar, es porque son indecisos en sus decisiones, no tomen la determinación en tomar una acción. Así que por un instante volvamos a reflexionar que cambios has logrado a estas alturas, ¿has visto algún cambio en ti?, ¿han notado algún cambio quienes te rodean?, cualquiera que sea tu respuesta a estas dos preguntas equivale a las acciones que has tomado, el empeño que le has dedicado a las áreas de tu vida que tanto te han estado afectando, si a estas alturas no sientes, ni has visto ningún progreso, algo está obstruyéndote para lograr reflejar un cambio, reflexiona sobre lo que te impide o está tratando de bloquear tu avance, piensa que puedes hacer para lograr tomar una acción determinante en tus decisiones, de acuerdo a la conclusión que llegues, has una lista de las cosas que bloquean tu avance, una vez que la tengas has otra lista con acciones que sustituyan la lista que bloquea tu avance, mantenla cerca de ti guárdala en tu cartera, donde puedas consultarla, a medida que se presenten nuevamente lo que bloquea tu avance, consulta tu lista de acciones, y determina una para continuar tu avance, pero de ninguna manera permitas que el desánimo te convenza que no puedes cambiar.

Revitaliza tus pensamientos, ayuda a tu cerebro a generar pensamientos positivos, permite que tu imaginación se amplié, nutre tu lenguaje, esto que menciono son acciones que ayudarán a tu interior a desarrollarse y fortalecer su autoestima, tienes mucho de donde echar mano, está en espera que tomes una acción por buscar la o las mejoras que deseas en tu vida, cualquier, mejora que desees obtener la puedes lograr, solo depende de ti y de nadie más, por cada acción que tomes, es un cambio que produces en tu vida, por cada cambio que logres, es un peldaño que avanzas, por cada peldaño que avances, es una área de tu vida que regeneras, a medida que notes los cambios progresivos, podrás valorar más cada acción que tomas, no será nada fácil pero el beneficio en tu vida es muy grande, que vale la pena el riesgo, tienes todo por delante para cambiar, y no tienes nada que perder en el intento, lo único que puede suceder son dos cosas, que lo logres, o que te des por vencido, la determinación que tengas para cada acción en tu vida, determinará si lo logras o no, sé que si estás leyendo este libro es porque estas decidido o decidida a lograr un cambio, por lo que creo que tienes ya la determinación de tomar las acciones necesarias para cambiar, me alegra saber que estés en este momento de tu vida, donde estas cansado de estar estancado en un mismo sitio emocional, es tiempo, el momento adecuado para comenzar por tomar acción.

RESUMEN

Nadie puede ponerle precio a tu persona, a menos que tú mismo permitas que alguien le ponga precio. Por ninguna razón debes permitir que nadie te menosprecie lo que vales y quién eres. Nunca sabrás lo que puedes llegar a ser, hasta que tú mismo traspases tus propios límites, para mí es un honor tener el privilegio de poder haber escrito este libro que hoy puedo compartir, contigo.

Si permites que Dios este del lado de tu equipo créeme que no necesitas nada más para ser un completo ganador, solo lo necesitas a ÉL, te lo dice un perdedor, que aprendió a ganar sus batallas a través de su perdón, de su paciencia, de su misericordia, de su gracia y de su inmenso e incomparable amor, date la oportunidad de escribir tu historia personal con Dios, ÉL espera marcar la diferencia contigo.

Dios Cumple Cada Uno De Los Sueños Que Promete Cumplir, A Quien Le Cree.

AGRADECIMIENTO

Como todo logro, detrás existe un proceso que muchas veces ignoramos, y que un objetivo una vez cumplido, implica la contribución de dos, tres, o más personas, para que se haya concretado un resultado; sería injusto adjudicarme el crédito total de este sueño, de tantos sueños que deseo alcanzar, y que hoy se puede ver realizado y que comparto con cada uno de ustedes.

Agradezco a cada una de las personas que de algún modo contribuyeron a que esta obra llegara a su realización. En primer lugar quiero agradecer a mi madre Natalia. Agradezco cada una de tus oraciones, agradezco cada mínimo y máximo esfuerzo que hasta el día de hoy haz dado por nosotros tu familia, eres grande y mujer como ninguna, tu amor incondicional e irreprochable produjo en mí una admiración por tu amor, tu carácter, tu integridad y por ese inmenso corazón que Dios te regalo.

A mi hermano Israel; a pesar de que las circunstancias nos separaron, deseo llegar a conocerte más y disfrutar de tu compañía. A pesar de que nunca tuvimos la oportunidad de tener una relación cercana como hermanos, hoy que has iniciado tu familia he visto cómo Dios te ha concedido la dicha de realizarte como esposo, padre de dos hermosos hijos Abigail y

Abraham; que puedo decir de tu esposa Zefe, ha sido paciente y ha sabido sobrellevar un hogar a tu lado, ahí puedo ver como Dios te ama; te ha regalado el hogar que tanto tu y yo hubiésemos deseado, pero sé que Dios nunca se equivoca, tiene propósitos y hoy puedo ver esos propósitos a través de tu familia, te convertiste en un hombre fuerte, responsable y encontraste la dirección de tu vida cuando doblegaste tu corazón ante Dios, le permitiste que el fuera el capitán de tu vida y así ha sido desde ese entonces.

Cecy Gonzalez, gracias por hacer que pueda soñar en grande, por apostar a mi favor, por alentarme, por saber escucharme, por enamorarte de este sueño y tomarlo como si fuera tuyo, eres una bendición para mi vida, no solo por tus habilidades tan impresionantes que tienes para las relaciones humanas, más allá de eso por ser una mujer con un corazón grande y desinteresado; tu humildad, de acercarte y mostrar un interés genuino por los demás, es una de tus tantas virtudes que tienes y que resaltan a través de esa sonrisa que te caracteriza como una mujer aguerrida y triunfadora.

Este agradecimiento es siempre el más difícil ya que no encuentro las palabras para agradecer a Dios por todos los detalles que ha tenido en el cuidado de mi vida, a fin de que se cumpla su propósito en mí, no han sido nada fácil estos años de mi vida, pero siempre Él ha estado ahí, en mi soledad, en mis noches más obscuras, en los momentos de mayor angustia, siempre Él ha estado ahí. Decir solo gracias sería muy poco, por lo mucho que Dios ha hecho en mi vida.

Si no fuera por Él, hoy este libro que está en tus manos, no existiera, no me considero escritor, pero desde que Dios apareció en mi vida y comencé a tener mi propia historia con Él, aprendí a creerle y dejar que Él utilizará mi vida como instrumento. Él está muy interesado en que sepas su interés por restaurar tu vida y cambiar tu destino hacía una vida con un propósito extraordinario.

Por eso cada vez que alguien lea este libro sabrá que Dios utiliza a quien esté dispuesto, permitirle cambiar su presente en un futuro brillante.

Y AHORA QUÉ?
LEVÁNTATE Y ANDA

Las circunstancias de tu presente, no
son quienes definen tu futuro